U0058343

Money錢

打造小小巴菲特 ②

陳重銘的親子理財16堂啟蒙課

・養成金錢好習慣・

陳重銘／著

蔡嘉驊／繪

Money錢

 **作者簡介　陳重銘** 🅕 不敗教主 - 陳重銘

　　台灣科技大學機械碩士，現職為作家、理財講師、全職投資人。

　　年輕時當過 5 年低薪的流浪教師，只能當個「不 Buy 教主」，努力開源節流，並積極研究股票投資，終於改變了自己的未來。

　　窮人靠工作，富人靠資產，最大的差別是投資知識。身為教師的他非常明白知識的力量，因此經營免費的部落格和粉絲團，分享投資理財觀念，並將 20 多年投資股市的經驗撰寫成書。

　　他相信，只要肯努力，每個人都可以改變未來，理財知識具有改變人生的力量，也是傳承給子孫的最大資產。

著作：《6 年存到 300 張股票》、《每年多存 300 張股票》、
　　　《教你存自己的 300 張股票》、《不敗教主的 300 張股票存股術》、
　　　《我用 1 檔 ETF 存自己的 18%》、《上班族的 ETF 賺錢術》、
　　　《打造小小巴菲特 贏在起跑點》、《變身少年巴菲特 培養財富創造力》、
　　　《你也可以存 100 張金融股》

 繪者簡介　蔡嘉驊 🅕 蔡嘉驊（Max）

　　熱愛自然生態，長期繪製環保節能、環境生態、綠色保育、人文議題的專案，為多家國內出版社及企業機關繪製插圖，用豐富的想像力陪伴許多大小朋友進入故事世界。

參與專案及作品：
國立台灣博物館（愛地球特攻隊特展）
工研院節能繪本（動物世界節能趣）
臺北市立動物園繪本（我有一間酷酷小屋）
文化部排灣族傳說有聲繪本
國立海洋科技館繪本（女巫島神秘事件簿、搶救珊瑚大作戰）
《親子天下》哈拉公爵的神秘邀約、彩色鼠大冒險
《遠流出版》森林裡的怪咖
慈心基金會綠色保育系列

使用說明

本書共有 4 大單元，16 堂課，每堂課都分為 4 個部分：

理財小故事

生動的插圖搭配有趣的故事，讓小朋友用輕鬆愉悅的方式打開理財的第一扇門。

年紀較小的小朋友，請爸爸、媽媽帶著你們一起閱讀，並試著將故事主角換成自己，看看會有什麼疑問或答案。年紀較大的同學，則可以提出自己的想法，與父母一同討論。

故事檢討

請小朋友看看書中對故事的說明與分析，並且說說看自己對故事的感想。

建立理財好觀念

每篇故事都會講述相關的理財觀念，並提供建議與做法。請爸媽和孩子讀完之後，一起想一想，生活中是否有相似的例子，也請小朋友說一說，換成自己時會怎麼做。

互動小遊戲

請爸媽帶領孩子一起動動腦，試著回答書中的問題。最後最好能夠身體力行，開始培養理財習慣，踏上理財的第一步！

目　錄

自 序

　　我是 3 個小孩的爸爸，跟所有家長一樣都希望孩子可以考上好大學，長大後找到高薪的好工作。但是，想像是美好的，現實卻是很殘酷，物價跟房價年年上漲，只有薪水幾乎都不會漲，在通膨的威脅下，孩子的未來充滿著挑戰。

　　僅靠薪水的主動收入是遠遠不足，必須要努力累積股票等資產，靠一堆好公司提供的被動收入，孩子的未來人生才會「富貴有人幫」。我整整上班工作了 25 年，終於靠著投資理財贏來財務自由的人生，但是我也老了！如果我可以提早 20 年投資，提早 20 年具備這些投資的知識，那該有多好啊！

　　所以我之前寫了《打造小小巴菲特 贏在起跑點：陳重銘的親子理財 15 堂課》這本書，跟家長與小朋友分享投資的心得，一上市就洛陽紙貴，真的感謝讀者的支持。越來越多的父母重視培養小朋友的「財商」，這才是我寫作的動力。

　　前陣子有位網友留言說，如果教孩子從小學習投資，萬一長大後發生股災，不就都完蛋了嗎？那麼我想要反問一下，如果從小都不學習投資，萬一在他長大的過程中股市大好，不就錯失機會了嗎？

　　也有人問我，幫孩子從小存了那麼多股票，是要他們長大後放棄努力，直接躺平嗎？我一樣也要反問，如果不幫孩子存股票，是要他們長大後辛苦工作一輩子嗎？要

是孩子抱怨他投錯胎，你要如何回答呢？

　　幫孩子投資股票，教導小孩投資理財的知識，不是要讓他們直接躺平，這樣的人生太無趣；而是幫他們開啟另一扇窗，讓他們不要再為了「五斗米」而蹉跎人生，而是把精力拿來成就自己的人生夢想。投資就是靠時間的複利來加持，越早開始學習投資理財，才能夠越早達到財務自由。

　　在我年輕時就幫 3 個小孩做投資規劃，目的是讓他們長大後同時有「主動收入」跟「被動收入」，有兩份收入的人生才會輕鬆。首先，孩子還是得好好讀書，將來認真工作養活自己，這是主動收入；孩子還小，所以父母要幫他們投資，並在過程中教導正確的觀念，孩子長大後就有股利可以領，可以幫他繳房貸，這是被動收入。

　　最近幾年全台灣的房價漲翻天，台北的房子越蓋越小，但是也越來越貴了！不少年輕人在「生孩子」跟「買房」之中糾結著，有人戲稱買房後會「絕子絕孫」，因為背上房貸就沒有錢養小孩了！

　　造成通膨的原因還是「錢太多」，最近幾年台灣股市每年發放 2 兆台幣的股利，這麼多的錢流入社會，一定會造成物價跟房價的飆漲，如果是光靠薪水的上班族，加薪又跟不上通膨的腳步，你的薪資購買力只會逐年下降。

想要打敗通膨就要回到原點，既然股市每年發出這麼多的錢，那麼我們就要去分一杯羹啊。股市的錢都是用股利的方式發放，所以我們都必須要持有股票，而且越多越好。但是買股票也不能只靠道聽塗說，必須學習挑選出好公司的能力，我覺得這比在學校考 100 分還重要。

投資最需要的就是「知識」跟「資金」兩大因素，一般人無力一次投入太多的資金，只能靠著定期定額的方式，有紀律的存股票。小資金想要成長為大資金，最需要的還是「時間」，這個無法速成。

小朋友就像是一張白紙，要由父母幫忙規劃未來，幫他們的人生添上美麗的色彩。上學讀書很重要，但是讀這麼多書不就是為了工作賺錢嗎？為什麼不一開始就好好的學投資理財，然後利用時間複利來幫孩子累積資產呢？

我們的孩子花了很多的時間在學校跟安親班學習，寒暑假還要上英語、作文、才藝、音樂、畫畫……等課程，大人煩惱安親班的上課費用，小朋友也忙到沒有時間休息。仔細想想，花了這麼多的時間跟金錢，孩子真的可以贏在起跑點嗎？

如果父母這一代被生活跟房貸壓得喘不過氣來，小孩子這一代就需要做出改變，絕對不要讓貧窮世襲下去。為何貧窮會世襲，就是因為貧窮的觀念啊！父母這一代只曉得讀書跟工作，孩子就只能照著相同的劇本走下去嗎？還是培養一個「有錢人」的腦袋，學習用錢賺錢的本事，幫孩子勇敢開啟不一樣的人生呢？

　　萬一孩子將來考不上好學校，萬一將來找不到好工作，萬一找到高薪的工作卻要做牛做馬怎麼辦？馬上來開啟 B 計畫，讓孩子從小學習投資理財，靠著時間複利幫忙滾大資產。有了一堆好公司來幫他的生活費、旅費、房貸……買單，孩子的人生才會是彩色的。

　　這次新書，有別於前作分享的理財方法，特別與大家分享 16 個我認爲從小就要養成的金錢好習慣，搭配說故事的方式，希望能幫助孩子從小學會不要浪費、分辨想要和需要……這些都是會影響日後理財行爲的重要觀念，這些觀念也會是孩子未來最重要的財富之一！

「錢」是什麼？

　　很久以前的社會是沒「錢」的，大家都是用以物易物的方式，例如用我家母雞生的雞蛋，交換你家農田的蔬菜。

　　但是慢慢的也碰到問題，像是找不到人交

換，找到人時又交換不到自己需要的物品，交換來的物品不容易保存……這時候就需要「錢」幫忙了。

熱身課

錢的由來

　　錢的正式名稱是「貨幣」，就是大家在交易商品時的工具，例如先把山羊交換成等值的貨幣，可以輕鬆帶著錢到處去交易（購買）物品。錢的好處是容易收藏，你也可以慢慢地累積成大金額再去買土地，就不用趕著一大群山羊去交換了。現在的社會已經離不開錢，錢具有下列的功能：

1.交易的媒介：使用錢來買賣，不再用以物易物的方式。

2.計價的單位：物品的真實價值，可用多少錢來訂定價格。

3.價值的保存工具：存錢，等於保存了許多的價值。

　　以前的人使用過的錢是五花八門，例如：珍珠、琥珀、羽

毛、貝殼……只要大家覺得「稀少、有價值」的東西，都可以用來當作錢，但是缺乏統一性。後來黃金、白銀出現了，它們更稀少也更有價值，就被當成衡量的標準了，大家也開始訂定豬羊等物品，到底價值多少金幣或是銀幣。

　　黃金跟白銀是有價值的稀有金屬，為何大家會改用鈔票？因為以前的人怕黃金被偷，就存到錢莊的庫房中，然後拿到一張收據。之後拿著收據到庫房，就可以拿回一樣多的黃金，所以錢也代表著「信用」。後來大家發現，收據比起笨重的黃金更容易攜帶，也就漸漸地演化成為鈔票了。

　　錢的型態還是不斷地演進喔，有了悠遊卡來搭捷運跟購物，就不用帶一堆的鈔票跟硬幣。購買高價的物品，像是汽車跟房子，要帶多少鈔票啊？現在只要銀行轉帳就可以，根本看不到鈔票。鈔票的缺點是會被偽造，使用電子貨幣，像是悠遊卡、信用卡，或銀行轉帳，就不怕收到假鈔了。

錢也是時間

　　錢除了可以購物，其實也能夠買到時間喔！例如可以用Ubereats、Foodpanda叫外送，省下外出覓食的時間，就可以專心工作來賺錢了。

　　大家在買房子時喜歡分成蛋黃區、蛋白區、蛋殼區，有錢人住在房價很貴的蛋黃區，因為距離商圈跟上班地點很近，不用花時間通勤；反觀若是住在便宜的蛋殼區，每天就要花好幾個小時來通勤。對有錢人來說，時間遠比金錢重要，所以各位小朋友，絕對不要隨便浪費時間喔。

貨幣小百科

1. 什麼是貨幣？

　　貨幣是由政府發行，具有公信力，在國家或地區使用的鈔票或硬幣。幾乎每個國家都有自己的貨幣，但是有些國家也會採用別國的貨幣，像是巴拿馬就選擇美元作為法定貨幣。

　　不同國家的貨幣還可能使用相同的名字，例如在使用歐元之前，法國、盧森堡、比利時與瑞士的貨幣都叫法郎。

　　目前全世界交易的前5大貨幣為：美元、歐元、英鎊、人民幣、日圓。

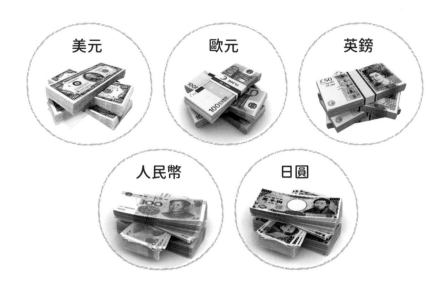

美元　　歐元　　英鎊

人民幣　　日圓

2. 面額是什麼？

　　每一張鈔票或是每一個硬幣上面，都會有一個數字來代表它的價值，這就是面額。1張千元的鈔票，可以換10張百元鈔票，或是20個50元硬幣。

3. 什麼是幣值？

　　就是貨幣的購買力，像是1張百元鈔票可以購買1片雞排。但是因為物價會持續上漲，幣值也會逐年降低，在以前100元可以買3片雞排喔！位於非洲內陸的辛巴威，因為不斷地

印鈔票償還外債，貨幣供給量激增導致大幅貶值，辛巴威政府只好發行100兆面額的天價新鈔，但實質上只能買到3顆雞蛋。

4. 什麼是匯率？

　　由於各國使用的貨幣不同，匯率就是各國貨幣之間的兌換比率。例如在2024年1月時，1美元可以兌換31.18元台幣。當你要出國旅遊時，就要換成當地的貨幣。

金錢的觀察活動

1. 你知道台灣發行了幾種面額的貨幣嗎？你一定不知道有 200 元跟 2 千元的紙鈔吧。

2. 跟爸媽借 1 張千元大鈔，仔細觀察一下上面的設計，紙鈔要如何避免偽造呢？

3. 上網搜尋一下外國的貨幣，比較一下跟台灣的貨幣有哪些不同？

第1課

不浪費是
開始存錢的第一步

存錢之前 先學會「不浪費」

理財小故事

時間過得飛快，小螞蟻終於等到期待已久的畢業旅行。前幾天，媽媽幫小螞蟻準備了一些飲料和零食，讓牠可以在3天的畢業旅行中慢慢享用，又特別給了牠300元的零用錢，以備不時之需。

畢業旅行的第一天，小螞蟻在遊覽

車上覺得有點肚子餓，就把媽媽準備的零食跟飲料通通吃光光。到了風景區之後，喜歡上一個訂價300元的可愛娃娃，小螞蟻毫不猶豫地拿出所有零用錢買了下來。

沒想到只是第一天，小螞蟻就把零用錢跟零食都花光跟吃光，往後2天的旅行，牠只能抱著娃娃，眼巴巴地看著同學買紀念品跟吃零食，真的是有苦說不出。

　　小刺蝟的媽媽也幫牠準備了一些飲料跟零食，但是牠很有節制地分成3天來享用；並且將媽媽給牠的300元零用錢，有計畫地分配每天只能花100元。而且牠覺得要未雨綢繆，所以每天最多只可以花80元，並且存下20元當作預備金。

　　到了最後一天，牠看到一件很漂亮的紀念品，剛好身上還有140元，就開心地買回家了，如果牠前2天沒有存下40元，身上的錢就不夠了。

故事檢討

　　來分析一下小螞蟻跟小刺蝟的花錢行爲吧，小螞蟻就是標準的「今朝有酒今朝醉」，牠無法控制自己的衝動，只要牠喜歡就要立即滿足，所以吃零食的時候沒有節制，更是馬上把零用錢花光光，後面只能夠後悔。

　　反觀小刺蝟，優點就是有計畫，會把零食跟零用錢做妥善規劃，每天只有花掉一部分。還有小刺蝟很會忍耐，不會馬上把零食吃光光。而且牠還有儲蓄的觀念，每天省下20元的零用錢，等到眞的有需要的時候，就不會因爲沒錢而煩惱了。

建立理財好觀念

　　陳老師小時候住在農村的三合院，家裡的經濟大權都掌握在阿公手上，那個時代也沒有給小孩子零用錢的習慣，只能在需要錢（買書、筆記本、鉛筆……）的時候，再去跟大人要錢。

　　所以我就會想辦法賺錢，幫自己存零用錢，比如放假時到家

裡的米店幫忙，可以拿一點零用錢；然後我也很努力地讀書，考100分後再去跟阿公要個5塊錢的獎金。從小我就有存錢的習慣，特別是農曆年前幾個月，會很認眞存錢，看著小豬撲滿越來越重，就會很開心。

農曆春節時，拿到的紅包大多是10元、20元，總共會拿到100多元吧！不過，每年的紅包加上小豬撲滿的存款，都會被媽媽拿去幫我繳學費、買課本跟文具，最後就所剩無幾了。沒關係，我還是一直努力考100分，再去跟阿公拿獎金來存錢，這樣每年都有錢繳學費了。

培養孩子「愛惜東西的心」

現在經濟快速發展，對於小朋友來說，到處可見的零食、飲料、玩具……誘惑太多，結果就是存不到錢。我看過很多父母因為忙著工作，就拿零用錢來彌補小孩，結果小孩因為要錢太容易，花錢如流水而不懂得珍惜。

建議父母不要給孩子太多的錢，而是要讓他窮一點。當孩子想要買東西時，先教他「等一等」，不是任何東西都能輕而易舉就獲得的；再讓他「想一想」，是不是眞的需要，眞的非買不可嗎？

如果真的有需要，要先教他存錢，讓孩子明白有付出才會有收穫，也才會懂得珍惜。

想要存錢就要先學會不浪費錢，想要不浪費金錢就要先學會愛惜東西。例如在購買食物之前，要先確定自己喜不喜歡吃、吃不吃得下，如果不愛吃或是吃不下，其實只是在浪費錢。要知道食物需要很多的原料，比如蔬菜、水果、肉品……都是很多農夫伯伯的辛苦結晶喔，如果只吃了一半就扔掉，食物跟農夫都會很傷心的！

而且，你的爸爸媽媽也會很傷心，因為他們要努力工作賺錢，小朋友才會有零用錢喔！如果你不曉得珍惜，食物吃了一半就不吃、急著丟掉舊玩具再去買新的，都是在浪費父母辛苦賺的錢。

小朋友要珍惜已經擁有的，如果

家裡有煮飯就不要買外食，家裡有水可以喝就不要買飲料，老玩具有感情所以不能一直喜新厭舊。學習珍惜你才不會浪費，才能夠好好的存錢。那麼，辛苦存錢又是為了什麼呢？

老師來講一個故事，我在女兒小時候就給她一個撲滿，然後教她存錢，她看著錢越來越多就很開心，每天幫忙做家事來討獎賞，通通拿去餵她的撲滿。有一回我帶她去吃麥當勞，女兒看到旁邊的零錢捐款箱，問我那是什麼？我說那是集合大家的零錢，拿來幫助生病的小朋友。

結果下一次我再帶她去麥當勞時，她帶著撲滿，把零錢通通丟進去捐款箱了。金錢也是需要珍惜的，給自己買零食跟飲料當然很開心，但是幫助生病的小朋友是不是更有意義呢？你身邊的食物、飲料、玩具、零用錢……都是父母辛苦工作賺來的，因此要學會珍惜與感恩。不浪費，好好的存錢，將來就會有更多的錢來幫助你。

互動小遊戲

下面的選項中，哪一些是屬於浪費的行為呢？說明一下為什麼是浪費，並找出改進的方法吧！

A

做事拖拖拉拉，
睡覺前才寫功課。

B

營養午餐拿很多，
卻吃不完。

C

不喜歡帶水壺，
天天喝飲料。

D

玩具用完就丟，
一直買新的。

答案跟改進的方法

A 是浪費行為

做事拖拖拉拉，本來半小時可以完成的事，一直拖到 1 小時才做好，等於浪費了半小時。回家應該先寫好功課，不然時間都浪費在看電視跟玩手機。

B 是浪費行為

拿了午餐就要吃完喔，不能因為挑食就不吃，產生的廚餘都是在浪費食物。

C 是浪費行為

買飲料很花錢，而且含糖飲料還會害你肥胖跟蛀牙，喝水可以省錢還賺到健康。

D 是浪費行為

一直買新玩具，會浪費錢跟占據收藏的空間，而且一直玩就沒有時間讀書了。
玩具只是課餘的休閒，適量就好。

第2課
爲什麼要儲蓄？
· ·
儲蓄的正確觀念

理財小故事

　　小蟎蟻放學回家，看到餐桌上面有很多的食物，便開心地想要大吃一頓，沒想到卻被媽媽阻止了！小蟎蟻疑惑地問媽媽，爲什麼不可以吃呢？於是媽媽講了一個故事給牠聽。

　　對面的樹上住著一隻小松鼠松松，松松非常喜歡吃果實，總是把找到的

食物一口氣吃光光，然後開心地到處玩耍。

松松的好朋友小強，常常勸松松要儲備食物來準備過冬，可是松松一樣非常貪吃，只把吃不下的少數食物儲備起來。

冬天很快地降臨了，松松瑟縮在樹洞中躲避寒風，由於以前愛玩跟浪費，牠儲備的食物少得可憐，可是冬天的食物越來越難找……

松松開始感受到飢餓跟寒冷，也非常後悔自己過去愛玩跟貪吃浪費的行為。牠懊悔地回想，如果時間再回到秋天，牠一定會努力儲存食物，可惜時光無法倒流。

在一個飢寒交迫的夜晚，松松幾乎撐不下去了，幸好小強帶來了救命的糧食，幫松松度過了嚴酷的冬天。

終於挨到了春暖花開，樹上也結出一顆顆的果實，松松改掉過去貪吃浪費的毛病，不再貪玩，而是跟

小強有計畫地蒐集食物。

看著樹洞裡面滿滿的果實，松松再也不怕冬天了，牠深深地了解到節約與儲蓄的重要性。

聽完媽媽講的故事之後，小螞蟻很開心地點頭認同，並了解自己不能浪費，認真的幫著媽媽將食物收藏到倉庫裡面，冬天就不怕餓肚子了。

從這個故事可以學到「事先規劃」的重要性，小朋友每天放學回家後，要先認真寫作業跟讀書，把知識「儲存」在腦袋中，考試前就不用熬夜來臨時抱佛腳了。

故事檢討

小螞蟻因為有爸爸媽媽幫忙準備糧食，生活過得無憂無慮，也就不知道儲蓄的重要。俗話說得好：「富不過三代」，就算是家裡有金山銀山，只要下一代不停的奢侈浪費，總會有吃光跟花光的一天。有錢人家的後代，變成乞丐也不是新聞喔。

小松鼠松松以為樹林裡的果實吃不完，便把時間浪費在玩樂上面，而且很貪心的有多少就吃多少，沒想到冬天降臨後，再也找不到果實，這時候就算後悔也來不及，如果沒有小強的幫助，就會餓死了！

建立理財好觀念

台灣經營之神王永慶曾說：「你賺的1塊錢不是你的1塊錢，你存的1塊錢才是你的1塊錢。」就算你可以賺很多錢，但是花掉了就變成別人的錢。

小銘是一位游泳池救生員，也趁著暑假時教小朋友游泳來賺

學費。他每個月的房租、電信費、生活費需要3萬元，因爲有危機意識，小銘認眞存了6個月的生活費，以備不時之需。

2020年起肺炎疫情開始傳播，游泳池也被迫關閉，小銘頓時沒有了收入，幸好他預先存了半年的生活費，他可以慢慢地找新工作。可是他有一些救生員朋友，因爲過去沒有多少積蓄，又無法馬上找到工作，就只能跟親友借貸過日。

其實啊，在疫情期間有許多的營業場所紛紛關閉，例如：餐廳、遊樂場、卡拉OK、健身房……許多從業人員突然無法上班工作，經濟上都發生了困難。俗話說：「人無遠慮，必有近憂」，人生中永遠會有意外出現，只有事先做好準備，才可以平安地度過困難。

儲蓄公式

收入 - 儲蓄 = 支出

good idea!

　　股神巴菲特說：「別等到花完錢之後，才存剩下來的錢；而是要先存錢，再花那些剩下來的錢。」

　　小華每個月的收入是3.5萬元，食衣住行的必要生活費是3萬元，所以他計畫每個月存下5,000元（3.5萬元－3萬元）。可是有一天下班後，小華發現一家很好吃的雞排店，加上飲料要100元，這個月光顧了10次總共花掉1,000元，結果只存了4,000元。

　　下個月小華痛定思痛，下定決心要戒掉吃雞排，但是被同事拉去聚餐跟唱歌，還去看了幾場演唱會，結果不但沒有存到錢，還把上個月存到的4,000元花光光。小華本來計畫要存錢，結果反而存不到錢，究竟是爲什麼？

　　❶ **被動存錢**：小華原先的方法是「先花錢，再存錢」，可是一旦缺乏毅力，被誘惑吸引而多花錢，也就沒有錢可以存了，所以他存不到錢。

　　❷ **主動存錢**：應該是把預計儲蓄的5,000元「先存起來」，而且絕對不准拿出來花掉，然後只能有紀律地花剩下的3萬元。這時候就算看到好吃的雞排，或是被朋友邀請去唱歌跟聚餐，因爲口袋中沒有多餘的錢了，也就不會去參加。先把錢存起來，除了可以確實地存到錢，更能夠避免你多花錢，真的是一舉兩得！

互動小遊戲

下面的選項中，哪一些是屬於儲蓄的行為呢？說明一下為什麼吧！

A

拿到零用錢就
趕快去買零食跟飲料，
通通存在肚皮裡。

B

把零用錢跟
獎學金，都存在
撲滿裡面。

C

答應朋友的事情，
就一定要做到。

答案跟改進的方法

A 不是儲蓄行為

就算吃再多的零食，幾個小時後肚子就餓了，吃掉的零食也無法拿出來使用。而且吃太多零食，會讓你吃不下正餐，也就無法攝取足夠的營養。

B 是儲蓄行為

將錢存在撲滿裡面，想要買作業本或文具的時候，就可以馬上拿錢出來購買。不斷地存錢讓撲滿越來越重，會讓你越來越有安全感，也能夠應付緊急時的需求。

C 是儲蓄行為

小朋友將來長大之後，就會知道「信用」是你最寶貴的資產，如果你一直對朋友說謊，將來就不會有人相信你。「言而有信」就是把信用，儲存在朋友的心中。

第3課

奇怪！
我把錢花到哪裡去了？

記帳——了解花掉的錢 都跑到哪裡去了！

理財小故事

小螞蟻在學校很認真地做筆記，發現鉛筆已經快寫完了，就在放學回家路上，先到小松鼠開的書店，用50元硬幣買了一盒鉛筆。

隔天小松鼠到了午飯時間，就拿了那枚50元硬幣，到小豬的自助餐廳買了一個便當。

　　小ㄒㄧㄠˇ豬ㄓㄨ 下ㄒㄧㄚˋ班ㄅㄢ 時ㄕˊ覺ㄐㄩㄝˊ得ㄉㄜ 口ㄎㄡˇ渴ㄎㄜˇ，就ㄐㄧㄡˋ拿ㄋㄚˊ了ㄌㄜ 那ㄋㄚˋ個ㄍㄜˋ 50元ㄩㄢˊ硬ㄧㄥˋ幣ㄅㄧˋ，到ㄉㄠˋ小ㄒㄧㄠˇ羊ㄧㄤˊ的ㄉㄜ 飲ㄧㄣˇ料ㄌㄧㄠˋ店ㄉㄧㄢˋ買ㄇㄞˇ了ㄌㄜ 一ㄧ 杯ㄅㄟ 飲ㄧㄣˇ料ㄌㄧㄠˋ。

　　小ㄒㄧㄠˇ羊ㄧㄤˊ下ㄒㄧㄚˋ班ㄅㄢ 後ㄏㄡˋ，將ㄐㄧㄤ 今ㄐㄧㄣ 天ㄊㄧㄢ 所ㄙㄨㄛˇ有ㄧㄡˇ收ㄕㄡ 到ㄉㄠˋ的ㄉㄜ 硬ㄧㄥˋ幣ㄅㄧˋ，通ㄊㄨㄥ 通ㄊㄨㄥ 存ㄘㄨㄣˊ到ㄉㄠˋ郵ㄧㄡˊ局ㄐㄩˊ裡ㄌㄧˇ面ㄇㄧㄢˋ。

　　小ㄒㄧㄠˇ刺ㄘˋ蝟ㄨㄟˋ在ㄗㄞˋ商ㄕㄤ 店ㄉㄧㄢˋ上ㄕㄤˋ班ㄅㄢ，發ㄈㄚ 現ㄒㄧㄢˋ店ㄉㄧㄢˋ裡ㄌㄧˇ的ㄉㄜ 零ㄌㄧㄥˊ錢ㄑㄧㄢˊ不ㄅㄨˋ夠ㄍㄡˋ用ㄩㄥˋ了ㄌㄜ，於ㄩˊ是ㄕˋ就ㄐㄧㄡˋ拿ㄋㄚˊ了ㄌㄜ 千ㄑㄧㄢ 元ㄩㄢˊ紙ㄓˇ鈔ㄔㄠ 到ㄉㄠˋ郵ㄧㄡˊ局ㄐㄩˊ換ㄏㄨㄢˋ成ㄔㄥˊ硬ㄧㄥˋ幣ㄅㄧˋ，小ㄒㄧㄠˇ羊ㄧㄤˊ存ㄘㄨㄣˊ的ㄉㄜ 這ㄓㄜˋ枚ㄇㄟˊ50元ㄩㄢˊ硬ㄧㄥˋ幣ㄅㄧˋ又ㄧㄡˋ回ㄏㄨㄟˊ到ㄉㄠˋ了ㄌㄜ 商ㄕㄤ 店ㄉㄧㄢˋ。

　　小ㄒㄧㄠˇ螞ㄇㄚˇ蟻ㄧˇ想ㄒㄧㄤˇ到ㄉㄠˋ聖ㄕㄥˋ誕ㄉㄢˋ節ㄐㄧㄝˊ快ㄎㄨㄞˋ到ㄉㄠˋ了ㄌㄜ，要ㄧㄠˋ跟ㄍㄣ 小ㄒㄧㄠˇ朋ㄆㄥˊ友ㄧㄡˇ交ㄐㄧㄠ 換ㄏㄨㄢˋ禮ㄌㄧˇ物ㄨˋ，就ㄐㄧㄡˋ拿ㄋㄚˊ著ㄓㄜ 100元ㄩㄢˊ紙ㄓˇ鈔ㄔㄠ，到ㄉㄠˋ

商店買了50元的蠟筆，小刺蝟就將那枚50元硬幣找給了牠，這枚硬幣又回到小螞蟻的手中了。

買鉛筆　　　　　　　　　買便當

買飲料

找錢

一個銅板，讓所有人都滿足

換零錢　　　　　　　　存錢

故事檢討

　　看了這個故事後，小朋友有沒有覺得很神奇呢？一個50元硬幣在小螞蟻、小松鼠、小豬、小羊、小刺蝟的手中轉了一圈，每個人都拿到錢，也都把錢花掉了，但是每個人的需要都被滿足了！而且從頭到尾都只有一個50元硬幣，錢並沒有增加喔！

　　這個故事告訴我們，錢要流動才會有價值，也才會產生奇蹟喔！如果錢都躲在撲滿裡面，錢只會開心地睡覺，是無法滿足人的願望的。所以，我們要盡量讓手裡面的錢出去旅行，除了幫你滿足需要之外，錢還可以幫你工作賺錢喔！當錢在外面旅行時，要知道它去了哪裡、做了哪些事情，這就是記帳了。

 建立理財好觀念

　　小朋友會不會總是覺得零用錢不夠用？一直跟爸爸媽媽要求增加零用錢呢？可是爸媽總覺得給你的錢已經夠用了，接著問你把錢花到哪裡去，你又記不起來呢？光跟父母說你的錢不夠用是

不行的,要用數字來說明你需要多少零用錢。

如果你可以先把花費都記錄下來,例如每個月買文具、筆記本、書籍就花了300元,可是爸媽只給你350元的零用錢,就不夠你肚子餓時買點心了。這樣再請父母增加你的零用錢,會不會比較容易呢?

有了零用錢之後,也是需要妥善規劃,才可以把錢花在正確的地方。首先要知道自己在什麼事情上花了多少錢,再確認自己有沒有亂花錢,最重要的是一一地記錄起來,然後再來好好檢討跟改進,這就是「記帳」的功用了。

家長如何教孩子記帳?

當孩子有零用錢、獎學金,或是壓歲錢等可自由支配的金錢,而且孩子具備基本的加減計算能力,大約是國小三年級時,就可以開始記帳了。

記帳主要的元素有:日期、項目、收入、支出、結餘,要明

確地記錄下來。

★日期：發生的日期

★項目：買了哪些東西或是得到哪些錢

★收入：拿到的金額

★支出：付出的金額

★結餘：剩下的金額

10月

小朋友的記帳表				
日期	項目	收入	支出	結餘
1 日	零用錢	300		300
3 日	鉛筆盒		100	200
10 日	考 100 分	50		250
18 日	雞排 + 飲料		100	150
25 日	做家事	30		180
總計		380	200	180

記帳可不是「有記有保庇」喔，而是要抓住一些重點：

❶ **馬上記帳**：有了收入或支出之後，如果沒有馬上記錄下來，時間久了就會想不起來了，所以一定要養成馬上記帳的習慣。如果孩子的年紀太小，父母可以在一旁協助，陪孩子一起回想跟檢討購物的內容。

❷ **鼓勵小進步**：當孩子的記帳表有結餘時，幫他把錢存入銀行，讓他看到存款簿的金錢不斷增加。也可以適時地給予一些獎勵，例如每月結餘300元時，父母就給予孩子十分之一的獎勵，也就是30元，讓孩子有努力的目標。下個月他就會存下400元，來跟你要40元的獎勵金，存錢就有了動力。

❸ **結合購物規劃**：當孩子有較高的花費時，例如想要買

3,000元的腳踏車，由於是正當用途，父母可以贊助部分金額。先跟孩子一起規劃，例如要他先存到一半的1,500元，教導孩子只要每個月存300元，5個月後就有1,500元了，然後父母再贊助剩下的1,500元。因為父母會贊助，可以激發孩子儲蓄

的動力，並有計畫地省吃儉用來存錢，最後也得到了腳踏車。這就是一個很好的教育過程，遠比父母直接送他還要好喔。

❹ **蒐集發票與檢討：**消費後一定要拿發票，除了可以抽1,000萬元獎金，還可以知道自己的錢花到哪裡去了。

記帳不是有記就好，而是要知道錢怎麼進來（收入），錢怎麼出去（支出），剩下多少錢（結餘）。然後盡量增加收入，例如幫忙做家事、考100分拿獎金；減少支出，像是少吃零食飲料，少買玩具；增加結餘並善用它，請父母幫忙投資買股票，讓錢幫你賺錢。

互動小遊戲

　　小銘每個月有 500 元零用錢,他要買文具 100 元,然後平均每天吃零食要花 10 元,所以每個月會剩下 100 元。但是他的書包有點破了,想要在 3 個月後買一個 600 元的新書包,請問要如何規劃?

**每個月
500元零用錢**

**文具
100元**

**每天
零食10元**

**餘額
100元**

46

答案跟改進的方法

首先要規劃存錢的速度，3 個月後需要 600 元，也就是一個月要存 200 元。

接著檢討過去支出的流向，然後增加結餘金額。小銘每個月存 100 元還不夠，所以要節省支出。每天花 10 元吃零食，1 個月要花掉 300 元；如果改成吃 2 天零食就休息 1 天，把 10 元存起來，這樣一個月可以多存 100 元。只要持續 3 個月，就有錢買新書包了。

一個月 存100元

+

一個月 多存100元

3個月後 600元

第4課

撲滿裡的錢睡著了!?

錢花掉就沒了 放銀行會生利息

理財小故事

　　小蟻媽自從學會不浪費、儲蓄跟記帳的觀念後，每次放學看到飲料店，都會很快地走過去，口渴了就喝水壺中的水。

　　牠把過去買零食跟飲料的錢，好好地存起來，而且每個月也會把記帳本給媽媽看，一起討論要怎樣減少浪

費，增加儲存的金錢。

慢慢的，牠的小豬撲滿越吃越飽，已經快要吃不下了！牠打算放學後到文具店再買一隻小豬，牠的目標是存到10隻吃飽飽的小豬撲滿，排在一起肯定比玩具公仔還要壯觀。

「小螞蟻你好，今天想要買什麼啊？」文具店老闆親切地打著招呼，牠是一隻烏龜爺爺，已經活了很多年了，臉上的皺紋隱約透露著智慧。

小螞蟻說：「烏龜爺爺好，過去我很

認真地存錢，小豬已經吃不下了，所以我想要再買一個撲滿。」烏龜爺爺說：「把小豬都餵飽啦，真的很厲害，你一定很開心吧。」

小螞蟻沒有回答，但是開心到合不攏嘴的表情說明了一切。

「存錢是很好，但是錢卻很懶惰地躲在撲滿中睡覺喔！你有想過讓錢幫你工作嗎？」小螞蟻疑惑地問：「錢要怎麼工作？為什麼要讓錢去工作？」

烏龜爺爺指著小豬撲滿說：「3年前這個撲滿只賣15元，現在要賣20元了。」小螞蟻聽了馬上抗議，為什麼變貴了！

烏龜爺爺說：「你想想看過去幾年，你吃的零食、飲料……有沒有變貴？」小螞蟻默默地點點頭，以前15元的紅茶都變成20元了，點心麵也從10

元變成13元，還好牠已經不吃零食也不喝飲料了。

烏龜爺爺說：「東西都會慢慢地變貴喔，所以你也要讓你的錢去工作賺錢，才買得起變貴的商品。

你不要再買撲滿了，而是要把裡面的錢都拿出來，再存到銀行裡面去。然後你的撲滿就可以繼續存錢，銀行的錢也會開始幫你賺錢。」

建立理財好觀念

兒童帳戶，讓家長一次搞定孩子的儲蓄跟投資

透過申辦兒童帳戶，不僅能讓孩子學習存錢，還能夠累積未來的教育費、緊急預備金、出國圓夢金等。可以用孩子的帳戶專用於各階段的財務目標，避免影響到父母本身的財務計畫。申辦兒童帳戶，可分成2種方式：

1. 孩子未滿7歲，無須親自臨櫃辦理：父母須攜帶個人雙證件，子女雙證件（戶口名簿或身分證，健保卡），以及雙方印章臨櫃辦理。如父母其中一人無法到場，需填妥「法定代理人授權同意書」。

2. 孩子已滿7歲，必須親自臨櫃辦理：孩子需與父母一同臨櫃辦理，記得要帶上述的證件跟印章。

8大兒童帳戶比一比

小螞蟻回家後，馬上拜託媽媽帶牠到銀行開戶，可是銀行這麼多，開戶年齡跟申辦方法有沒有不一樣呢？為了挑一家適合小螞蟻的銀行，媽媽帶著小螞蟻上網做功課。

8大兒童帳戶比一比

銀行	中華郵政 兒童帳戶	台北富邦銀行 小富翁帳戶	合作金庫銀行 CoBaby 親子帳戶	王道銀行 親子帳戶
開戶 年齡	7 歲以上的 未成年人	7 歲以上的 未成年人	未滿 18 歲 且未婚者	未滿 18 歲者 (未滿 7 歲不能辦理 金融卡及簽帳卡)
首次最 低起存 金額	10 元	10,000 元	無規定 (存款起息金額 5,000 元)	無規定
申辦 方式	未成年人親自臨櫃 辦理，或法定代理 人臨櫃代辦開戶	可線上預約開戶或 臨櫃辦理，或申辦 數位帳戶	未成年人與法定 代理人臨櫃辦理	法定代理人 臨櫃辦理

銀行	永豐銀行 mma 兒童帳戶	聯邦銀行 幸福存摺	台新銀行 YBO 兒童會員	中國信託銀行 存錢日記
開戶 年齡	未滿 18 歲者	未滿 18 歲者	未滿 18 歲者	未滿 18 歲 且未婚者
首次最 低起存 金額	1,000 元	無規定	無規定 (存款起息金額 10,000 元)	無規定
申辦 方式	法定代理人 臨櫃辦理	法定代理人 臨櫃辦理	客戶與台新銀行往 來總資產月平均金 額連續 3 個月達 10 萬元以上，即 自動升級為 YBO 兒童會員	未成年人與法定代 理人臨櫃辦理， 或未成年人至「中 國信託行動銀行 Home Bank」App 申請，由法定代理 人同意並完成綁定

資料來源：各帳戶官方網站（實際資訊以各官網最新公告為準）
資料整理：Money 錢
資料時間：2024/01/18

銀行的利息

　　小螞蟻跟著爸媽到銀行開戶，山羊阿姨很親切地幫忙辦理，並問小螞蟻為何要來銀行開戶？小螞蟻結結巴巴地說：「烏龜爺爺跟我說，存在銀行裡的錢會幫我工作賺錢，可是我也搞不大清楚？」

　　山羊阿姨說：「小螞蟻你把1,000元存在銀行後，銀行就會讓錢去工作喔！因為有些人會有資金的需求，例如買房、買車等較大筆的支出，他們的收入跟儲蓄不夠用，就會來跟銀行借錢。

　　例如小青蛙想要買一個新書包，我把你的1,000元借給牠，銀行每年跟小青蛙收取5%的利息，也就是1,000×5%＝50元。銀行賺到錢之後再給你2%的利息，你每年就可以拿到20元喔。所以你的錢就是在幫銀行和你賺錢了，這樣是不是比放在撲滿中更好呢？」

　　小螞蟻聽完後很開心，牠的錢終於開始幫牠賺錢了，可是牠也有點疑惑，問了山羊阿姨：「可是你們收到50元利息，才分給我20元耶，會不會太少了？那是我的錢耶！」

　　山羊阿姨說：「銀行要付出人力，幫你的錢找客戶，而且有些人借錢不還，銀行也是要承擔損失的！所以不能夠把50元的利

息都給你喔！如果你想要多賺一點錢，也可以買進銀行的股票，這樣銀行賺錢之後就會分配給你的，但是你要先到證券公司開戶喔！」

離開銀行之後，小螞蟻牽著媽媽的手說：「媽媽，什麼是股票？趕快帶我去證券公司開戶，我想要讓銀行幫我賺錢。」

Part 2 聰明消費

第5課

小螞蟻的紅包消失了？

什麼是「想要」？什麼是「需要」？

理財小故事

一年一度的農曆春節終於到來了，小螞蟻跟爸爸媽媽到外公外婆家拜年，也拿到了200元的紅包。

在吃完團圓飯之後，表哥約小螞蟻一起出去玩，牠們先去公園踢了1小時的足球，之後表哥覺得口渴了，就帶著小螞蟻一起去買飲料。

　　小螞蟻本來覺得買飲料很浪費錢，跟表哥說可以回家喝水，但是聞到蜂蜜檸檬茶的香甜味道，小螞蟻就不自主地掏出50元硬幣，然後開心地吸著飲料。

　　接著表哥說要去夾娃娃，小螞蟻本來想在旁邊看看就好，不要亂花錢，但是看到裡面的糖果跟餅乾，由於剛剛踢完足球覺得有點餓，馬上掏出100元去夾，結果只夾到1包10元的糖果。

在回家的路上，經過一家電動遊樂場，表哥說過年就是要好好地玩，小螞蟻也跟著進去玩牠最愛的射擊遊戲，沒多久就把口袋剩下的50元都花光了！結果，今天雖然拿到200元紅包，但是一個下午就都花光光。

回家後，小螞蟻拿出牠的記帳本，本來加上外公外婆的200元紅包，牠就能夠存到1,000元，可以去買牠想了很久的直排輪。如今把200元花光光，錢不夠了怎麼辦？只好一直抱怨是表哥害牠。

媽媽在一旁跟小螞蟻說，自己的決定要自己負責，不可以怪別人。爸爸也在一旁提醒小螞蟻以後不可以亂花錢，只要牠好好努力讀書，多考幾個100分，然後幫忙做家事，爸媽都會給牠獎金喔，牠還是可以存錢買直

排輪。

　　小螞蟻聽完之後，馬上站起來幫忙整理餐桌，也順便拿起掃把掃地。接著牠趕緊回到房間讀書，牠要趕快多考幾個100分，希望可以早日穿上直排輪。

故事檢討

　　花錢雖然很開心，但是花光了也會很空虛。小螞蟻拿到的200元紅包，都是外公外婆辛苦賺來的錢，小螞蟻拿去喝飲料、夾娃娃、打電玩，一下子就花光了，就算後悔也來不及！

　　如果要出門踢球，事先準備好水壺，就不用花錢買飲料了。踢完球後要是肚子餓，趕快回家吃飯，既營養又省錢。

　　小螞蟻因為自制能力不足，受不了誘惑就跟著別人花錢。如果小朋友常常有樣學樣，無法控制自己不花錢，最好的方法就是不要帶錢出門，你就不會花錢了。

　　花錢很開心，但是後悔時也是很痛苦。小螞蟻開心地花完200元紅包，但是後面要付出更多的時間跟精力，來做家事跟讀書，才能夠把錢賺回來。所以，小朋友在花錢時，要先想到賺錢跟存錢的辛苦，你就不會隨意浪費錢了。

建立理財好觀念

陳老師年輕時在基隆的海大附中，當夜間部的代課教師，晚上10點放學後，要先搭公車到基隆車站，然後搭客運到台北車站，再搭一班公車回家，到家時都已經深夜1點了。如果有買車的話，開車回家就會快很多，應該11點就可以到家。

汽車雖然方便，但要定期維修保養，還要繳稅金跟保險費，開車出去還要找停車位，停車費也是一筆開銷喔！所以我堅持不買車，靠BMW（Bus，公車；MRT，捷運；Walk，走路）代步，儘管比較辛苦，但是可以有更多的錢拿來運用跟投資股票了。

等到我存了很多股票後，靠這些股票發的股利買了3台車，而且也是靠股利來幫我養車喔！所以，做人要先苦後甘。

養車真辛苦

牌照稅、燃料稅、保險費、維修保養、加油、停車費、洗車、罰單……

BMW 真開心

公車 Bus、捷運 MRT、走路 Walk

想要還是需要

　　小朋友有沒有聽過：「需要有限，欲望無窮」？其實我們每天只需要一點點東西，就可以滿足日常生活所需了。例如在家吃飯營養又健康，就沒有必要到餐廳花大錢。但是，當一個人「欲望無窮」時，為了滿足欲望，他就會變「窮」了；比如，明明喝水就可以解渴，偏偏要買很貴的飲料，不知不覺就把錢花光光。

　　因為我們口袋中的金錢是有限的，所以要「先求有，再求好」。小朋友在花錢之前，要先明白自己是「需要」，還是「想要」。也就是根據輕重緩急，先滿足需要，當有閒錢時再去滿足想要。要記住「先需要，再想要」的原則，才能夠存到錢！

　　什麼是需要？就是「生活上不能沒有的東西」，例如上學要用的書包、課本、鉛筆盒，都是「需要」，如果缺乏了就無法上課。

　　什麼是想要？雞排、零食、飲料、玩具或口香糖，都不是生活所必要的；很昂貴的書包跟鉛筆盒，也不是上學所必需的。這些可有可無，或是有更便宜、好用的替代品，通通都可以歸類為想要，不是非買不可喔。

互動小遊戲

一、在遊戲之前，家長可以先做一下開頭的引導，例如先帶
小朋友到公園玩，然後再問小朋友，600 ml 的礦泉水
與 600 ml 的可樂，要選哪一個？接著帶小朋友到超商
挑選。

什麼是最重要的？

600 ml 的
礦泉水

600 ml 的
可樂

答案 超商的礦泉水只要 10 元，但是可樂卻要 35 元，是
礦泉水的 3.5 倍。而且可樂只有 600 ml，只夠小朋
友自己喝，如果同樣花費買礦泉水可以買 3.5 瓶，足夠 3
個人喝了。運動後流汗要補充水，是需要；可樂比較貴又含
糖，容量少也不夠喝，只是想要。

 互動小遊戲

二、下面的圖片列出「需要」跟「想要」的物品，請小朋友說
明一下原因，例如為何冰淇淋是「想要」，而非「需要」？

第6課
立志喝可樂
變成股神巴菲特！？
比價購物 學會精打細算

理財小故事

　　放學回家時，小螞蟻去麥當勞買了一份麥克雞塊套餐，還加點了一杯超大杯的可樂，一邊吸著可樂一邊開心地走回家。

　　一進入家門，小螞蟻就大喊著說：「媽媽，我今天不吃晚餐了，以後我3餐都要吃麥當勞，然後每天還要喝5

瓶可樂。」

媽媽覺得很奇怪，就問小螞蟻是為什麼？

小螞蟻說今天老師上課講了股神巴菲特的故事，儘管股神的年紀已經超過90歲了，但是經常提著一袋麥當勞進辦公室，漢堡、薯條、雞塊都是他的最愛。

因為他覺得6歲小孩的死亡率是最低的，所以他也要模仿6歲小孩的飲食，而且巴菲特經常一邊喝可樂，一邊接受記者的採訪，並且透露他每天都會喝下5瓶可樂。

小螞蟻開心地問媽媽，是不是牠每天吃麥當勞跟喝可樂，就會像股神一樣有錢呢？

媽媽笑著說，只是吃麥當勞會營養

不均衡，光喝可樂不喝水也容易導致糖尿病喔！

　　媽媽要小螞蟻將炸雞塊跟可樂先收起來，等牠乖乖地吃完晚餐，再給牠當消夜吃。

故事檢討

　　在墨西哥因為乾淨的飲用水大多被拿去生產可樂,有些地方一週只會提供幾次自來水,老百姓口渴時找不到乾淨的水喝,喝可樂反而比較容易。位於墨西哥東南部的恰帕斯州,因為沒有足夠的飲用水,平均每人每年會喝下821.25公升的汽水,相當於2,489罐330毫升的汽水,平均一天是將近7罐喔!

　　但是因為把可樂當水喝,也讓當地不少人飽受肥胖和糖尿病的折磨。根據專家研究,一罐330毫升的可口可樂裡面有33克的糖,如果跟股神一樣每天喝5瓶,就等於吃下165克的糖。其實股神巴菲特是可口可樂的大股東,所以才會常常幫忙宣傳,不是真的每天都在喝可樂。

6 瓶進貨成本 25 美分
1 瓶賣 5 美分
6 瓶賣 30 美分
獲利 = 30 − 25 = 5 美分

來買可樂喔!

建立理財好觀念

巴菲特從小就有商業頭腦，6歲時他在雜貨店前的垃圾桶中數瓶蓋（那個年代都是用玻璃瓶裝汽水），發現可口可樂的瓶蓋最多，也就是銷售最好，於是用25美分從雜貨店買進6瓶可口可樂，再用1瓶5美分的價格挨家挨戶推銷。80幾年前不像現在到處都是便利店，而且美國地廣人稀，許多人住得離雜貨店也比較遠，就紛紛跟小巴菲特購買可樂。

賣完6瓶之後巴菲特就能拿到30美分，扣掉成本後淨賺5美分，可以拿來買書跟文具，也能存下來。巴菲特從小時候銷售的過程，觀察到可口可樂的成長潛力，於是在1989年大筆買入可口可樂股票，累積到現在的獲利超過40倍，賺了超過1兆台幣。

買可樂也要比價喔

放學後小螞蟻打算到超商買1瓶可樂，晚上看喜歡的卡通時就可以邊看邊喝，可是牠想到父母的辛勞，就多買了2瓶給爸媽。回家後，媽媽看小螞蟻帶回3瓶可樂，稱讚牠有孝心，接著問牠花了多少錢啊？小螞蟻說超商1瓶可樂是25元，3瓶總共要75元。

隔天是星期六，媽媽帶著小螞蟻到大賣場買菜，順便帶牠去買可樂。小螞蟻看到6瓶裝的可樂，居然只要77元，嚇了一大跳，平均1瓶還不到13元，幾乎是超商的一半！

小朋友動動腦袋想一想，為什麼超商的可樂比較貴？

解答：超商大多是開在便利的地點，像是路口、捷運站旁、商業區等，這些地點的房租比較高，而且24小時營業，也需要支付夜班人員薪水。大賣場通常位於較遠，但是租金較便宜的地區，經營成本較低；當消費者大老遠跑到大賣場時，看到比較便宜的價格，就會不自主地大量採購，這就是「薄利多銷」的策略。

超商的特點是離家近，比起大賣場是便利很多，要記住「時間就是金錢」。大家願意花更多的錢，到離家近的超商購買；也不一定有時間，跑到較遠但是較便宜的大賣場。

便利商店
比較貴，但很方便

大賣場
便宜，但是有點遠

互動小遊戲

就算是上課需要的自動鉛筆，書店架子上面也有好多的樣式，每一支都想要，該怎樣選擇呢？我們上網搜尋 4 支自動鉛筆，來考考小朋友的選擇。

A

普通款

只有鉛筆功能，售價 15 元。

B

普通款

只有鉛筆功能，售價 20 元。

C

多功能

三色原子筆（紅／藍／黑）＋鉛筆，售價 80 元。

D

卡通授權款

只有鉛筆功能，售價 200 元。

答案

AB 普通款

　　如果我只是要買普通的自動鉛筆，第 1 款和第 2 款先試用一下，如果品質和款式都差不多，我就會選擇便宜的第 1 款。在相同的功能跟款式條件下，選擇便宜的可以省下一些錢，拿來買其他文具。當小朋友選擇有困難時，父母也可以幫忙喔！比如較貴的款式可以提供更好的價值，只要貴得合理，也可以多花一點錢來購買。

C 多功能款

　　附帶三色原子筆（紅／藍／黑），在寫筆記時就很好標註重點。4 個功能的售價是 80 元，平均一個功能只要 20 元，也算合理。而且有了多功能筆，就不用一次帶 4 支筆，也可以節省鉛筆盒的空間。如果真的有需要，例如寫筆記跟畫畫，我就會買多功能款的。

D 卡通授權款

　　貴而且僅有一個功能，平時也只能拿來跟其他小朋友炫耀，使用時也怕摔到、碰到，或是不小心弄丟了，真的是浪費錢又不好用，而且也容易退流行。

第7課
幫幫小螞蟻
買新腳踏車
理解預算 做好資金配置

理財小故事

　　這個週末，表哥約小螞蟻一起出去騎腳踏車，小螞蟻馬上就答應了。但是因為牠已經長大，過去騎的腳踏車有點小也有點舊，牠想要買一台新的腳踏車。

　　於是小螞蟻就去找媽媽商量，沒想到媽媽卻一邊翻著一本簿子，一邊抓

著頭髮唸著：這個月家庭收入6萬元，但是支出5萬9,000元，只剩下1,000元啊，而且下個月水電還要漲價……看樣子要想辦法節約了，不然恐怕會不夠用……

　　小螞蟻聽了之後有點擔心，因為牠喜歡的腳踏車要3,000元啊！媽媽說騎腳踏車是健康的運動，也可以避免小螞蟻一直看電視跟滑手機。但是這個月家裡的收支相減後，剩下的錢不夠買腳踏車怎麼辦？

　　於是媽媽要小螞蟻幫忙想辦法，看看能不能增加收入並減少支出，就可以幫小螞蟻買腳踏車了。

　　小螞蟻想要買一台3,000元的腳踏車，可是這個月家裡收支相減後只剩下1,000元，該怎麼辦呢？

　　媽媽拿出這個月的收支預算表，教小螞蟻一條一條的看收入跟支出項目。如果下個月做好規劃，小螞蟻就可以買新腳踏車嗎？

　　小朋友，你知道家裡的收入來源以及支出的項目嗎？總共有哪些呢？趕快填在下面的圖片中喔。

螞蟻家庭，這個月收支預算表

	項目	預算金額	實際金額	差額	備註
收入	薪資	50,000	50,000	0	主要收入
	加班	6,000	5,000	-1000	加班減少
	利息	2,900	3,000	100	調升利率
	其他	0	2,000	2,000	打工
	總收入	58,900	60,000	1,100	比預期多
支出	房租	20,000	21,000	1,000	調漲
	飲食	15,000	17,000	2,000	漲價
	水電瓦斯	9,000	10,000	1,000	漲價
	交通	6,000	7,000	1,000	開車出去玩
	娛樂	3,000	4,000	1,000	看電影
	總支出	53,000	59,000	6,000	超支

故事檢討

在小螞蟻吃完晚飯跟寫完功課後，媽媽帶著小螞蟻檢討這個月的收支預算表，媽媽先解釋收入的部分：

❶ **主要收入**：爸爸的薪水50,000元，是固定的收入。

❷ **加班**：爸爸本來預計的加班費是6,000元，可是老闆說要減少加班，實際收入是5,000元，少了1,000元。

❸ **利息**：家裡有一筆存款，用來應付往後的臨時需要，因為銀行調升利率，所以利息收入增加了100元。

❹ **其他**：媽媽看到家庭收入不夠用，就到便利商店打工來補足收入。

❺ **總收入**：爸爸加班費減少1,000元，但是利息增加100元，媽媽打工賺到2,000元，總共得到60,000元的月收入，比預期多了1,100元。

接著再來看看支出的部分

❶ **房租**：爸爸媽媽覺得買房子太貴，決定租房子，原先每個月的房租是2萬元，但是房東說受到通膨影響，這個月漲了

1,000元的租金。

❷ **飲食**：由於調漲電價，廠商以成本增加為由，早餐店、飲料店跟快餐店的價格都上調，導致飲食費用增加了2,000元。

❸ **水電瓦斯**：電價變貴加上天氣熱吹冷氣，電費多支出1,000元。

❹ **交通**：爸爸開車帶全家到山上看櫻花，增加了1,000元汽油錢。

❺ **娛樂**：因為小螞蟻吵著看螞蟻隊長的電影，買電影票跟零食飲料，多花了1,000元。

❻ **總支出**：因為各項支出都增加，這個月原先預計的53,000元支出，暴增到59,000元，超支了6,000元。

 **建立理財好觀念**

在看完螞蟻家庭的收支預算表後，下個月應該要如何規劃，才可以增加3,000元，幫小螞蟻買腳踏車呢？

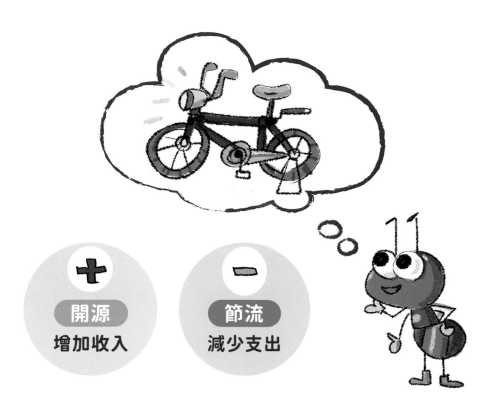

開源跟節流

　　小朋友有沒有泡過澡呢？如果將水龍頭打開大一點來增加水量，浴缸就可以早一點放滿水。但是也要注意排水孔喔，如果塞子沒有塞緊，就算放滿了水，也會一點一滴的漏光光。

　　家庭的積蓄也是一樣的道理，增加收入就可以多存一點錢，但是如果沒有節制亂花錢，恐怕存的錢還不夠花喔。增加收入稱作「開源」，就是增加水（錢）的源頭；減少支出就是「節流」，減少水（錢）的流出。

一、開源

1. 爸爸的薪水是小螞蟻一家的主要收入，但是爸爸的加班費不太穩定，所以媽媽需要去超商打工來增加收入。

2. 小螞蟻年紀太小無法打工賺錢，但是可以在家裡幫忙掃地、洗碗跟做家務，讓爸爸媽媽無後顧之憂，可以專心賺錢。

3. 爸爸表示下個月工作較多，會增加2,000元的加班費。

4. 因為小螞蟻幫忙做家事，媽媽也能夠多去超商打工，也可以增加2,000元的收入。

5. 下個月小螞蟻一家的總收入，預計可以增加4,000元。

二、節流

1. 天氣熱需要吹冷氣，但是電費又漲價了怎麼辦？可以調高冷氣的溫度，然後搭配電風扇增加對流，不僅涼快而且省電，預計可以減少500元電費。

2. 由於食物的價格調漲，就要多多在家裡吃飯，大概可以節約2,000元的外食費用。

3. 減少開車出去玩的次數，改成爬山跟健行的活動，可以省下1,000元的加油錢。

4. 爸爸媽媽減少唱卡拉OK的支出，小螞蟻少看一點電影，

預計可以節約1,500元。

　　5. 預計下個月總支出可以減少5,000元的非必要花費。

　　小螞蟻計算著：「下個月可以增加4,000元的收入，還可以減少5,000元的支出，所以可以多存9,000元！」牠開心地問媽媽，是不是可以買貴一點的腳踏車。媽媽說：「這只是預計喔，爸爸加班跟媽媽打工的收入，要看公司跟超商的狀況才能決定。而且你能不能減少吃零食跟飲料，少吵著看電影，開冷氣願不願意調高溫度……都還不一定喔！」

　　小螞蟻堅定地說：「爸爸媽媽都很辛苦賺錢，我也會好好做家事，並節省不必要的支出，等到我真的做到了，再請媽媽帶我去買腳踏車喔！」媽媽伸出小姆指跟小螞蟻打勾勾，但是跟小螞蟻說要未雨綢繆，為了預防以後水電費、食物、汽油持續漲價，還是只能買3,000元的腳踏車，然後把多的錢存起來，以備不時之需。

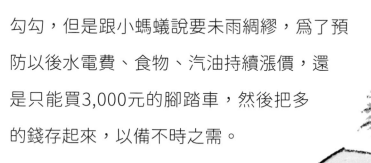

互動小遊戲

下一個星期六，媽媽要陪同爸爸出差，家裡只剩下小螞蟻，表哥說要過來陪伴小螞蟻1天，媽媽打算給牠們2人生活費，但是要小螞蟻先列出每人花費的預算表。

如果你是小螞蟻，要如何規劃預算呢？（表哥打算先跟小螞蟻在家讀書，下午到公園踢球，晚上再外出看電影！）

星期六生活預算表　（1人份的費用）

	項目	費用	備註
早上	早餐	50	三明治＋紅茶
	讀書	0	
下午	午餐	0	媽媽準備的水餃
	下棋	30	零食
	踢球	30	運動飲料
晚上	晚餐	150	麥當勞
	捷運票	60	搭車來回
	看電影	350	電影票＋飲料＋零食
總計		670	

　　早上 8 點，表哥過來陪小螞蟻吃早餐，接著一起讀書到中午。媽媽已經準備好水餃放在冰箱冷凍，午餐就吃水餃，飯後跟表哥一起玩象棋，還吃了一包餅乾，然後先買一瓶運動飲料，再到附近的公園空地踢足球。

　　晚上跟表哥一起搭捷運出門，先吃了麥當勞當晚餐，再買電影票、零食跟飲料，然後開心回家。

　　小朋友可以學小螞蟻試著列自己的預算表喔！

第8課

小狐狸的借據

學習理解負債跟信用

理財小故事

小蟻非常喜歡看「螞蟻隊長」的電影，總是幻想著有一天可以拿著盾牌，穿上帥氣的披風，到處去懲奸除惡，維護世界的和平。有一天，牠在文具店看到螞蟻隊長的公仔，是那麼地帥氣迷人，越看越喜歡，恨不得馬上就帶回家。

小螞蟻飛快地跑回家，馬上將撲滿中的零錢都挖出來，數來數去還是只有110元，可是螞蟻隊長的公仔要200元啊，怎麼辦？

小螞蟻開始懊悔起自己，這個月每個禮拜都喝1杯紅茶，3個禮拜總共花掉90元，其實牠每天都有帶水壺上學，就是看到同學在喝自己忍不住，也就跟著買紅茶了！

「要是不喝紅茶，就可以買公仔了！」小螞蟻不禁懊悔了起來。突然間靈光一閃，班上的小狐狸很節儉、很喜歡存錢。

　　「嘿！小狐狸你可不可以借我９０元？」下課時小螞蟻找到小狐狸，扭扭捏捏地問牠。「不借，錢就是我的寶貝，誰知道你會不會還我？」小狐狸想都不想地直接拒絕！

　　小螞蟻知道小狐狸是有名的小氣鬼，必須要給牠一點好處才能借到

錢，於是就跟小狐狸說：「你先借我90元，下個月我還你100元，多出的10元給你當利息，如何？」

在利息的吸引下，小狐狸有點心動，但是牠跟小螞蟻說：「為了避免反悔，你要寫一張借據給我喔，而且還要把你的狐狸娃娃給我當擔保品！」在小狐狸的引導下，小螞蟻寫了借據，終於借到了90元，開心地馬上去買了螞蟻隊長的公仔。

很快的一個月過去了，小螞蟻買了螞蟻隊長公仔後，只有一個禮拜就玩膩了，最後都收在抽屜中，也已經忘記它的存在。

然後牠也忘記跟小狐狸借錢的事情，每個月媽媽給牠的零用錢，都很開心地買零食跟飲料，一個月下來只存了50元。

「喂！小螞蟻，明天你要還我100元喔！」小狐狸利用下課來找小螞蟻，並拿了借據給牠看！小螞蟻大夢初醒，又想到只存了50元，額頭上不禁冒出了冷汗，一下子說不出話來。

聰明的小狐狸，一眼看出小螞蟻還不出錢，就大聲地說：「你如果不還錢，我就要去跟老師講，還要沒收你的狐狸娃娃。」因為講得很大聲，全班同學的目光都看了過來……

故事檢討

　　小螞蟻如果有存錢的習慣，平時不浪費錢，就不用借錢買公仔了！再來就是要冷靜一點想一想，自己真的「需要」公仔嗎？說不定三思之後就不買了，可以把錢省下來，也不用再去借錢，更不會被說欠錢不還。

　　如果朋友有急需，想要跟你借錢，記得要他寫借據喔，內容要有：借貸雙方的姓名、身分證字號、借多少錢、借多久、利息如何計算、哪一天歸還、有沒有抵押品、違約罰則……詳細一點才會有保障。

借款人：**小螞蟻**（身分證字號：ＸＸＸＸＸＸＸＸＸ）
出借人：**小狐狸**（身分證字號：ＸＸＸＸＸＸＸＸＸ）

　於 2024 年 10 月 1 日跟小狐狸借了 90 元，期限為 1 個月，支付利息 10 元，預定於 2024 年 11 月 1 日歸還本息。

　並提供小狐狸娃娃一隻當作抵押品，如果違約未歸還本息，願意被小狐狸沒收。

借款人：**小螞蟻**（簽名蓋章）
日期：2024 年 10 月 1 日

建立理財好觀念

「聽說小螞蟻借錢不還耶，怎麼可以這樣，以後我也不敢借錢給牠！」這句耳語在班上流傳開來了，小螞蟻覺得同學都在私底下講牠壞話，下課時也沒有人願意陪牠踢足球，他只能一個人孤孤單單地玩！

老師發現小螞蟻這幾天都魂不守舍，就找牠詢問原因，小螞蟻誠實將借錢的事情跟老師講，老師安慰小螞蟻說可以回家先跟

媽媽商量，但是不能欠錢不還喔！

上課時老師在黑板上寫了「信用」兩個字，說明在日常生活中，難免會碰到不方便的時候，例如忘記帶鉛筆或是橡皮擦，買東西忘記帶錢……這時候就要靠朋友的幫忙。

但是一定要記得「信用」這兩個字，也就是「說到要做到」。如果跟別人借東西卻忘記歸還，下次就不會再有人願意借東西給你了，所以一定要記得「有借有還，再借不難」。只要有了好信用，當你臨時有困難時，別人會很樂意來幫助你。

最後老師跟小朋友們說，每個人的欲望很多，但是卻沒有那麼多的錢，所以要先以「需要」為主。如果只是因為「想要」而亂花錢，甚至不惜去借錢，除了要負擔高額的利息，增加自己的負擔之外，萬一無法還錢還會讓信用受損，完全是得不償失的。

互動小遊戲

小螞蟻知道錯了，但是牠還是得趕快還錢給小狐狸，可是牠還欠 50 元，應該怎麼辦呢？小朋友幫小螞蟻想一下辦法吧！

我該怎麼做？

A 延後還款

繼續跟小狐狸商量，看看能不能晚一個月再還錢，然後願意再給 10 元的利息，而且再拿一個公仔給牠當抵押品。

不過由於小螞蟻已經毀約一次，所以小狐狸不太相信牠的信用，於是要了 2 個公仔做抵押品，然後也要 20 元的利息。

小提醒：

當你的信用不好時，別人怕你借錢不還，就會要求更多的利息跟抵押品，所以「好信用」是非常重要的。

小螞蟻順利還錢給小狐狸之後，下次會更注意借錢之前要規劃好還錢計畫喔！

B 賠本賣出

將螞蟻隊長的公仔出售，只要能夠賣 50 元以上，就可以還錢給小狐狸了。小螞蟻只是一時衝動買了公仔，其實只是「想要」，而不是「需要」，結果玩了幾天就不玩了，完全是浪費錢。

所以當小朋友很想要買東西時，要先冷靜個幾天，仔細想想看是「想要」還是「需要」？不然浪費錢的下場也是很可憐的。

C 勞務賺錢

小螞蟻先跟媽媽借 50 元，再從下個月的零用錢扣掉，然後每天洗碗跟掃地來充當借錢的利息。小螞蟻有錢還小狐狸，又保住了自己的公仔，還幫媽媽分擔家務，算是美好的結局。

但是如果小螞蟻沒有借錢買公仔，把錢存下來，又每天幫忙做家事，會是更好的結局。

Part 3 創造收入

第9課

下金蛋的鵝

····················

錢不會從天上掉下來

🦔💭 **理財小故事**

　　小蟻一放學回到家，馬上跟媽媽說想要養一隻鵝，並和媽媽要飼料，媽媽好奇地問為什麼？小蟻說今天上課時，老師講了一個故事：

　　從前在法國村莊有一個農夫，儘管他很勤勞但依然是一貧如洗。

　　有一天早上在農場餵鵝時，發現有一

隻鵝生了一顆
金光閃閃的
蛋，老農夫
仔細端詳
後發現是一
顆黃金蛋，
嚇得他合不攏
嘴，心裡想著鵝怎

麼會下金蛋？會不會是別人不小心掉
落的！

　　沒想到隔天這隻鵝又生了一個金
蛋，農夫很開心地拿去給老婆看，老
婆開心地大叫：「我們變成有錢人
了，終於可以過揮霍的生活了。」夫
妻倆開心地將金蛋拿去市場賣掉，買
了好多美麗的衣服跟好吃的食物。

　　由於鵝每天都下一顆金蛋，這對夫
妻漸漸地變成有錢人，可是他們也變

得不知足起來。

夫妻兩人想要換一間大房子，還要有華麗的馬車跟很多的傭人，夫妻開始抱怨鵝一天只下一顆蛋，要是可以下兩顆、三顆金蛋，該有多好啊！

於是夫妻拿了很多玉米、稻穀、蛋白質跟維生素來餵鵝，儘管餵到鵝都吃不下了，但是鵝一天還是只生一顆金蛋。

貪心的夫妻開始想其他的方法，他們突然想到鵝的肚子裡面應該有很多金蛋，只要把鵝的肚子剖開，馬上就可以變成有錢人了！於是夫妻就用尖刀切開鵝的肚子，鵝當然就一命嗚呼了，但是肚子裡面卻是一顆金蛋也沒有。

夫妻兩人後悔地抱頭痛哭，但是鵝再也活不回來了！由於夫妻兩人已經

習慣過揮霍的日子，但是再也沒有金蛋了，所以很快的又回到一貧如洗的生活。

故事檢討

　　媽媽跟小螞蟻說，想要養鵝可以，但是這個故事有什麼啟發呢？小螞蟻想了一下說，這對夫妻太貪心了，本來每天有一顆金蛋，但是卻選擇殺鵝取卵，結果鵝的肚子裡面一顆也沒有，從此再也得不到金蛋了。

　　媽媽點頭表示稱讚，並告訴小螞蟻如果鵝會生金蛋的話，那麼大家只要養鵝生金蛋就好，就沒有人想要辛苦工作了。可是這樣一來，就沒有農夫種植稻米跟蔬菜，也不會有人養牛跟養豬，結果大家都沒有食物，就算家裡有一堆金蛋，可是金蛋也不能吃啊，不就通通都餓死了嗎？

　　媽媽要小螞蟻記住「錢不會從天上掉下來」，不會有生金蛋的鵝。想要有錢就要認真工作，而且絕對不要浪費喔，如果農夫有

把金蛋存下來，而且節儉過日子，就算後來鵝死掉了，還是可以靠著以前存下的金蛋過生活，就不會再變成窮人。

 **建立理財好觀念**

這個故事給我們幾個啟發：

1. 鵝是你的資產，會不斷地生金蛋給你，會把錢放進你口袋的就是「資產」。

2. 當你擁有了好的資產，你就要花時間和心力把它照顧好，不要隨便殺掉。

3. 雖然鵝會生產金蛋，但是需要規律的等待，每天的產量也有限。

4. 如果你想要有很多金蛋，那麼就多養幾隻鵝吧。

其實，世界沒有一種生物會下金蛋，但是錢會從天上掉下來嗎？這是有可能的，就是靠好公司來幫你賺錢。由於大家都很喜歡到7-11購物，所以7-11是很賺錢的，如果你持有7-11的股票，就有很多7-11的分店跟員工在幫你賺錢，錢就像是從天上掉下來

（什麼是股票？請看《打造小小巴菲特 贏在起跑點》一書）。

但是，股票並不會從天上掉下來喔！陳老師我年輕時很認真上班，晚上還到夜間部兼課，努力賺到錢之後也捨不得亂花，因為錢花掉就沒有了，就很像把鵝殺死了。辛苦賺來的錢就要善用，好比有了鵝之後讓牠一直下金蛋，才會生生不息。

所以我都很認真地存錢買股票，當我的股票越買越多，就像養了很多鵝在下金蛋，我就會越來越有錢了。要記住，這世上沒有會下金蛋的鵝，但是卻有很多賺錢的好公司，只要你先認真的工作賺錢，再努力的存股票，先苦後甘之後，就會有股利（錢）從天上掉下來。

互動小遊戲

聽完媽媽說要先苦後甘，錢不會從天上掉下來後，小螞蟻有一點點失望。小螞蟻想了想之後說：「我想要有 1,000 元來買一組無線耳機送給媽媽，因為媽媽每天工作後還要做家事很辛苦，如果有了無線耳機，媽媽就可以一邊做家事一邊聽音樂，可以讓媽媽的心情愉快。可是，我現在不相信錢會從天上掉下來，我要靠自己存錢。」

請問各位小朋友，如果你是小螞蟻，要怎樣擬定存錢計畫呢？

 條件 1 小螞蟻每個月有 300 元零用錢，但是牠習慣花 200 元買零食跟飲料。

 條件 2 小螞蟻如果幫忙做家事，一天可以拿到 10 元獎金。

 條件 3 小螞蟻如果考 1 個 100 分，可以拿到 50 元獎學金。

 條件 4 媽媽還有 3 個月就要過生日，無線耳機會是個好禮物。

答案跟實現的方法

A

聽天由命型

小螞蟻雖然想幫媽媽買耳機，但是牠卻更喜歡吃零食，所以每個月只能存 100 元零用錢。牠也懶惰不愛做家事，一個月勉強只能做 5 天。放學回家喜歡看電視跟滑手機，一個月大概只能考 1 個 100 分。

所以一個月只能存 100 ＋（5×10）＋ 50 ＝ 200 元，要花 5 個月才能存到 1,000 元，這樣趕不上媽媽過生日。

B

認真規劃型

因為媽媽還有 3 個月過生日，平均一個月要存 333 元。小螞蟻規劃「開源」跟「節流」兩種方法。

333

1 第一個月

開源：小螞蟻減少看電視跟滑手機，先幫忙做 10 天家事賺到 100 元，也考了 2 個 100 分賺到 100 元，總共開源了 200 元。

節流：忍住不吃零食跟飲料，節省了 100 元，存了 200 元的零用錢。

總計：第一個月總共存了 **200 + 200 = 400 元**。

2 第二個月

維持第一個月存 200 元零用錢，以及做 10 天家事賺到 100 元，這樣存了 300 元。因為從上個月開始認真讀書，變努力後考了 3 個 100 分賺到 150 元，所以第二個月存了 300 + 150 = 450 元。兩個月總共存了 **400 + 450 = 850 元**。

3 第三個月

小螞蟻已經很習慣存 200 元零用錢，跟做 10 天家事。而且越來越用功讀書，這個月考了 4 個 100 分，又賺到 200 元。第三個月就存了 **200 + 100 + 200 = 500 元**。

加上前 2 個月總共存了 **500 + 850 = 1,350 元**，就很開心買 1,000 元的無線耳機，給媽媽當生日禮物。剩下的 350 元牠也存起來，因為 3 個月下來牠已經習慣不亂花錢了，而且再過 4 個月又是爸爸的生日，牠要維持「開源」跟「節流」的好習慣。

第10課

一寸光陰一寸金

提升自我能力＝提高收入

理財小故事

「無尾熊，你怎麼又在睡覺了啊！」老師發現無尾熊在度估了，就趕快叫牠專心上課。

無尾熊揉著眼睛說：「對不起老師，我們每天都要睡18～22個小時喔！因為無尾熊只吃尤加利樹的葉子，但是為了防止被昆蟲啃食，它的葉子會分

泌有毒的物質。而且尤加利葉的熱量很低，所以我們要長時間睡覺，才能降低熱量消耗，並慢慢分解有毒的物質。」

老師聽了之後說：「原來如此啊，但是你把上課的時間都浪費掉了，不是很可惜嗎？老師再請學校的營養師研究一下，為你準備營養的食物菜單，讓你有精神可以好好的上課學習。」

　　老師在黑板上寫下：「勤有功，戲無益」之後，就開始講故事了：「從前老師班上有一個學生，叫做小河狸，牠的願望是當一個工程師，所以上課時都很專心地學習。

後來他真的當了工程師，並運用學校學到的知識，砍下好幾層樓高的樹木，再混合樹枝和泥土來蓋房子，還修築了水壩來打造池塘和濕地，除了可以獲得食物之外，也幫其他生物創造了大量的棲息地。」

老師語重心長地說：「各位小朋友每天花這麼多時間上學，為的是提升自己的能力啊。

你知道嗎？從小學讀到研究所畢業，總共要花18年喔，如果都只是睡覺跟嬉戲，不是在浪費生命嗎？」

故事檢討

　　各位小朋友有沒有想過，為什麼考試結束，有人的成績是名列前茅，但是也有人墊底呢？上課的老師都一樣，教的內容也一樣，上學的時間也通通一樣，但是有人得到高分，也有人考低分，又是為什麼呢？

　　每天上學是你要付出的成本，付出成本之後就一定要有收穫，才不會浪費時間。有的人上課很專心聽課，回家就馬上複習，讀起書來「事半功倍」，也就有更多的時間去運動跟學習才藝。如果上課都在打混摸魚，平白地浪費上學的時間，回家後必須要加倍付出努力，就是「事倍功半」了。

建立理財好觀念

記得陳老師剛從研究所畢業後，在一間私立學校教書，但是校長很小氣，所以薪水只有3萬多，有一天我跟一位當牙醫的高中同學聚餐，他每個月的薪水居然超過20萬元，真的是人比人、氣死人。生氣沒有用，做人最重要的是爭氣，所以我做了下面的努力：

❶ **到高師大進修教育學分**：拿到教師證書後考上了公立學校，薪水翻了一倍變成6萬元。

❷ **到淡江大學修數學學分**：我除了本科的機械科老師之外，還可以當數學老師。然後我開始寫數學參考書，又多賺了一份版稅收入。

❸ **工作賺錢很辛苦**：靠上班跟寫書賺錢，也是很辛苦的，像是週末時我都會到圖書館寫書，也就無法好好歇息，而且等到我年紀大了之後，還能這樣辛苦工作嗎？

❹ **努力學習投資理財**：我努力學習投資理財，將辛苦賺到的薪水跟版稅，通通拿去買好公司的股票，現在我一個月可以領50萬元的股利，也超過牙醫同學的薪水。

❺ **自由自在**：因為我領到的股利，已經足夠全家生活了，所以2019年時我從學校離職，再也不用去上班了，我有更多的時間可以自由運用。

每個人都需要有錢才可以生活，所以大多數的人都要辛苦工作到老！其實收入也分成兩種喔：

❶ **主動收入**：需要付出時間跟勞力，才可以獲得的收入，例如薪水、打工。

❷ **被動收入**：不用付出時間跟勞力，也可以得到的收入，例如股利、房租。

年輕時的我不斷地進修學習，先到學校教書賺取主動收入，再積極地學習投資來累積被動收入，現在的我都不用上班了，因為有很多好公司在幫我賺錢，這就是被動收入的優點。可是我的牙醫同學，儘管收入不錯，卻是要辛苦工作到老，這也是主動收入的缺點。

不過老師要在這邊提醒小朋友，被動收入雖然很迷人，但也不會從天上掉下來喔！小朋友要先好好讀書，將來考上好大學，畢業後可以賺比較多的薪水，再拿來存股票打造被動收入，就不用跟漫畫《蠟筆小新》裡的野原廣志一樣，辛苦上班一輩子。

互動小遊戲

　　小銘是大一的新生，他如果用功讀書，增加自己的能力，大學畢業後可以到大企業工作，每個月的薪水是 10 萬元。但是如果不用功讀書，就可能到普通企業上班，薪水是 5 萬元。如果小銘從 25 歲工作到 65 歲退休，總共上班40 年。

考考你：

1

小銘月薪 10 萬，
40 年總共可以賺到
多少薪水？

2

小銘月薪 5 萬，
40 年總共可以賺到
多少薪水？

3

用功跟不用功，
一輩子的薪水差距
是多少？可以買
哪些東西呢？

答案

1 年有 12 個月，40 年就有 40×12 ＝ 480 個月

❶ 用功讀書，假設月薪 10 萬元，40 年可以賺到
10 萬 ×480 ＝ 4,800 萬元。

❷ 不用功讀書，假設月薪 5 萬元，40 年可以賺到
5 萬 ×480 ＝ 2,400 萬元。

❸ 差距＝ **4,800－2,400 ＝ 2,400（萬）元。**

2,400 萬元可以買什麼東西？

1

買房

如果每坪 60 萬元，
可以買一間 40 坪的房子。
（60 萬 ×40 ＝ 2,400 萬）

2

買車

200 萬元一輛的進口車，
可以買 12 輛。
（2,400 萬 ÷200 萬＝ 12）

3

吃牛排

600 元一客的牛排，可以
吃 4 萬客（2,400 萬 ÷600 元
＝ 4 萬）。如果每天三餐都吃一
客牛排，可以連續吃 36.5 年。
（40,000÷365÷3 ≒ 36.5）

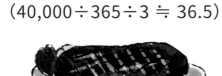

4

買時間

如果一輩子只需要 2,400 萬
元，月薪 5 萬元需要工作 40 年；
但是月薪 10 萬元卻只要工作 20 年，
整整少工作 20 年，等於賺到了 20 年
的時間，可以用來旅遊跟學習，讓人
生更精彩。

117

第11課

小螞蟻的棒棒糖發財夢

創意和創業

理財小故事

　　小螞蟻非常喜歡吃甜食，每個月的零用錢，有一半都拿去買糖果、巧克力跟飲料，媽媽常常告訴牠要把錢存起來，並且跟牠說吃太多甜食對身體不好。

　　可是小螞蟻總是頂嘴說：我們是螞蟻，本來就要吃糖啊！

　　有一天在上課時，老師發現小螞蟻含著棒棒糖，馬上告誡牠不可以吃東西，並在聯絡簿寫著：請媽媽帶小螞蟻去檢查牙齒。

　　小螞蟻懷著忐忑的心跟媽媽去牙醫院，排隊掛號時聽到恐怖的鑽牙聲，小螞蟻更是緊張到全身都起了雞皮疙瘩。

醫生說小螞蟻因為愛吃糖果，而且又不愛刷牙，已經有兩顆蛀牙需要馬上治療，小螞蟻被醫生鑽牙時眼淚都掉下來了！

醫生說幸好發現得早，不然蛀牙嚴重了就要做根管治療，然後再裝上牙套，這時候可是會更痛喔！小螞蟻嚇得發誓再也不敢吃糖果了。

可是幾天沒吃糖，小螞蟻又開始嘴饞了，忍不住偷吃了幾顆，也有依照醫生的指示，吃完糖果後就馬上漱口。有一天小螞蟻突發奇想，既然糖會引起蛀牙，那麼只要發明不含糖的「無糖」糖果，不就可以開心地吃棒棒糖，而且也不用擔心蛀牙了？

小螞蟻決心研發無糖的糖果，想像著將來開一間公司，要是全世界的小朋友都跟牠買糖果，牠真的可以數錢數到手抽筋了！

故事檢討

　　糖果含有很多熱量，吃太多會導致肥胖，而且糖分會提供蛀牙菌生長需要的營養，當我們攝取過量的糖分，蛀牙菌就會在口腔中形成酸性環境，會導致牙齒表面的琺瑯質軟化酸蝕，也就是蛀牙了。

　　成年人通常會有32顆牙齒，現在平均壽命一直增加，牙齒要使用到80歲甚至是90歲喔。而且牙齒無法再生，用壞了一顆就少一顆，可以說是比鑽石還要珍貴。所以小朋友要愛惜牙齒，少吃糖並且要定期檢查牙齒。

　　小螞蟻想要研發無糖的糖果，小朋友覺得要從哪裡開始呢？小提示：可以先到超商，看看無糖飲料的成分表，找出哪一些是無糖的甜味劑。

建立理財好觀念

　　美國密西根州有一位名叫阿麗娜（Alina Morse）的小女生，當她7歲的時候跟爸爸去銀行辦事，銀行職員送給她一根棒棒糖，她很開心地吃著，但是爸爸警告說吃糖會損壞牙齒，害她蛀牙。

　　於是她問了爸爸一個問題：「為什麼我們不能創造一種不傷牙齒，健康而且無糖的棒棒糖呢？這樣，我就能經常吃棒棒糖了！」阿麗娜用了2年的時間，蒐集製作無糖糖果的資料，並在家裡廚房不斷地嘗試製作。然後，她也去跟牙醫請教，使用木糖醇（Xylitol）和赤藻糖醇（Erythritol）取代傳統白砂糖，成功製造出無糖的糖果產品。

　　阿麗娜成立一間名為Zollipops的糖果公司，裡面裝滿「無糖」棒棒糖和太妃糖的產品，因為健康美味又不傷牙齒，很快就得到消費者的支持。雖然這間公司只有6名全職員工，但在網路上擁有幾千間店舖，並且每年能賺到200萬美元，相當於6,300萬台幣喔。阿麗娜是一個將「創意」變成「創業」的成功例子。

　　創意：想出前所未見，且可以付諸實現的點子或構想。

創業：建立營運的組織，提供商品或服務來獲利。

有些家長擔心孩子太早開啟自己的事業，會不會荒廢了課業？首先看看孩子的創意，會不會太過天馬行空，例如：時光機器、放大縮小燈……如果是不容易實現的，家長可以讓孩子了解困難點，再引導他將時間精力放在有機會實現的創意上面。

好奇心是人類進步的動力，小朋友總是充滿著想像力，但是如何實現才是重點喔！特斯拉電動車的創辦人伊隆·馬斯克，童年時懷抱著太空旅行的夢想，儘管許多人認為太空產業是「花1,000萬美元把老鼠送上太空」，根本是浪費時間、精力與金錢。但是他仍然成立太空探索科技公司（SpaceX），為將來的殖民火星作準備，因為他不斷地努力進步，最後成為全球首富，也改變了世界的未來。

小朋友，你有哪些創意可以改變未來呢？你要如何去實現這些創意呢？是不是要少看一點電視、少滑一點手機，把時間用在研究跟學習上面呢？

互動小遊戲

校慶的園遊會又要到了，校長說每班都要擺一個攤位，而且可以販賣食物賺錢喔！小朋友不妨規劃一下，要賣哪些食物，以及要如何行銷，才能夠賺到最多的錢？

答案

當小朋友發揮創意時，應該持鼓勵跟引導的態度，不要急著給予答案跟指導，有下面幾個關鍵。

勇敢發揮創意

有些孩子不敢提出意見，只會被動地接受，這時候要鼓勵他多多表示心中的想法，並且給予肯定。

配合測試學習

若孩子想法有些不切實際，不要馬上將其否定，而是可以幫助他作一些小測試，讓他從過程中學習。

答案

3

提供引導

當孩子沒有方向亂出意見時，可以適當地提供引導，例如園遊會是跟運動會同時舉行，而且是夏天天氣熱，可以引導口渴時什麼商品會暢銷。

4

忘掉標準答案

園遊會要賣什麼商品，並沒有標準答案，重點是讓孩子說出為什麼賣這個，勇敢講出自己的想法。

5

實作中學習

當某位小朋友設計出菜單時，可以讓其他同學充當消費者，看看他們願不願意買單，如果不願意，要說明其中的缺失。接著讓小朋友充當業務員，向其他人行銷菜單，設計商品很重要，將商品賣出去更重要。

第12課

小羊快樂當股東

用錢也能賺錢

理財小故事

　　放學時小螞蟻覺得有點肚子餓，就約了小羊一起去校門口的 7-11。小螞蟻一進去之後，馬上拿了巧克力麵包，還有一瓶可樂，就急著去櫃台結帳，然後坐在桌子旁馬上狼吞虎嚥了起來。

　　小羊在店裡面，這邊看看、那邊看

看ㄎㄢˋ，但ㄉㄢˋ是ㄕˋ卻ㄑㄩㄝˋ沒ㄇㄟˊ有ㄧㄡˇ買ㄇㄞˇ任ㄖㄣˋ何ㄏㄜˊ東ㄉㄨㄥ西ㄒㄧ，然ㄖㄢˊ後ㄏㄡˋ就ㄐㄧㄡˋ坐ㄗㄨㄛˋ在ㄗㄞˋ小ㄒㄧㄠˇ螞ㄇㄚˇ蟻ㄧˇ的ㄉㄜ旁ㄆㄤˊ邊ㄅㄧㄢ。小ㄒㄧㄠˇ螞ㄇㄚˇ蟻ㄧˇ好ㄏㄠˋ奇ㄑㄧˊ地ㄉㄧˋ問ㄨㄣˋ牠ㄊㄚ，你ㄋㄧˇ看ㄎㄢˋ了ㄌㄜ那ㄋㄚˋ麼ㄇㄜ久ㄐㄧㄡˇ都ㄉㄡ沒ㄇㄟˊ買ㄇㄞˇ，是ㄕˋ沒ㄇㄟˊ有ㄧㄡˇ挑ㄊㄧㄠ到ㄉㄠˋ喜ㄒㄧˇ歡ㄏㄨㄢ的ㄉㄜ嗎ㄇㄚ？

小ㄒㄧㄠˇ羊ㄧㄤˊ說ㄕㄨㄛ牠ㄊㄚ肚ㄉㄨˋ子ㄗ不ㄅㄨˋ餓ㄜˋ，牠ㄊㄚ只ㄓˇ是ㄕˋ在ㄗㄞˋ觀ㄍㄨㄢ察ㄔㄚˊ商ㄕㄤ品ㄆㄧㄣˇ賣ㄇㄞˋ得ㄉㄜ好ㄏㄠˇ不ㄅㄨˋ好ㄏㄠˇ，像ㄒㄧㄤˋ是ㄕˋ三ㄙㄢ明ㄇㄧㄥˊ治ㄓˋ賣ㄇㄞˋ完ㄨㄢˊ了ㄌㄜ有ㄧㄡˇ沒ㄇㄟˊ有ㄧㄡˇ馬ㄇㄚˇ上ㄕㄤˋ補ㄅㄨˇ貨ㄏㄨㄛˋ，可ㄎㄜˇ樂ㄌㄜˋ跟ㄍㄣ汽ㄑㄧˋ水ㄕㄨㄟˇ的ㄉㄜ種ㄓㄨㄥˇ類ㄌㄟˋ多ㄉㄨㄛ不ㄅㄨˋ多ㄉㄨㄛ，客ㄎㄜˋ人ㄖㄣˊ喜ㄒㄧˇ歡ㄏㄨㄢ買ㄇㄞˇ哪ㄋㄚˇ些ㄒㄧㄝ零ㄌㄧㄥˊ食ㄕˊ……

小ㄒㄧㄠˇ螞ㄇㄚˇ蟻ㄧˇ很ㄏㄣˇ好ㄏㄠˋ奇ㄑㄧˊ地ㄉㄧˋ問ㄨㄣˋ小ㄒㄧㄠˇ羊ㄧㄤˊ，觀ㄍㄨㄢ察ㄔㄚˊ這ㄓㄜˋ些ㄒㄧㄝ

是要做什麼？小羊說：「我是7-11的股東啊，當然要關心銷售的情況。」小螞蟻很好奇地問：「什麼是股東？當股東有什麼好處呢？」

小羊說7-11是一家很大的公司，會計上會將它分割成一個最小的單位，就稱作「1股」，也就是俗稱的股票，只要買進股票就是公司的股東，當7-11賺錢後就要分錢給股東了，也就是發放股利。

小羊打開手機上的App，跟小螞蟻上起課來：「你看看7-11過去5年，每一股都發放9元股利喔。2024年春節，我拿到2,700元的紅包，7-11平均股價約267元，所以我就買進10股的股票（2,700÷267），這樣我就是7-11的股東。

其實過去5年，我都把壓歲錢拿去買7-11股票，每年可以買10股，現在已一

經持有50股了。今年7-11又要發放9元的股利，我的50股總共可以拿到450元（9元×50股）。」

小羊又補充說：「你看看，2024年股價是267元，可以領到9元股利，殖利率＝股利÷股價＝9÷267≒3.4％，大概是銀行定存利率的2倍喔！」

年度	現金股利（元）	年均股價（元）	年均殖利率（%）
2020	9	284	3.2
2021	9	274	3.3
2022	9	271	3.3
2023	9	272	3.3
2024	9	267	3.4

統一超（2912）股利發放

　　小蟻瞪大了眼睛說：「450元可以買好多巧克力跟可樂了，原來當7-11的股東，就有免費的零食可以吃。」小羊說：「你把錢拿去買零食，錢花掉後就沒有了。

　　我是把錢拿去買股票，公司賺錢後會分給我，等於我的錢一直在幫我賺錢喔！現在我每年可以買450元的零食，都是7-11幫我買單喔！」

　　小蟻聽完了很羨慕，就拜託小羊教牠買股票，但是小蟻又不好意思地說：「過去的壓歲錢我都花掉了，怎麼辦？」小羊安慰牠說：「只要你從現在開始，把買零食的錢存下來，等存到270元的時候，就可以買進1股了。」

　　小蟻暗自下定決心，從明天起再也不吃零食了，牠要把錢存下來買7-11的股票，讓錢來幫牠賺錢。

故事檢討

　　錢花掉之後會跑到哪裡去，小朋友有沒有想過呢？你在超商買東西，超商拿到錢後先支付了員工薪水、店面租金、水電費……等費用後，剩下的獲利就會分配給股東喔！

　　小螞蟻一直買零食，牠的零用錢一直跑出去；小羊卻一直買股票，股利會一直跑進來。考考你，將來誰會更有錢呢？

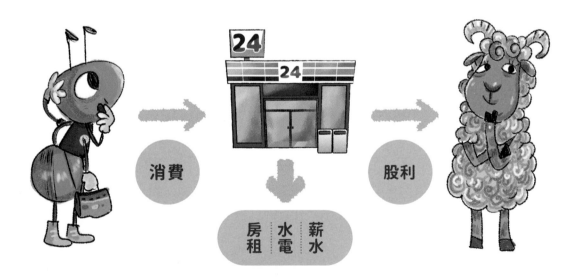

消費

股利

房租｜水電｜薪水

　　要如何讓錢幫你賺錢，最簡單的就是存在銀行裡面，銀行就會給你利息。我們存在銀行中的錢，可以簡單地分成：活期儲蓄存款、定期儲蓄存款。

❶ **活期儲蓄存款**：存的錢可以隨時提領，利率較低，目前約爲0.7%。

❷ **定期儲蓄存款**：跟銀行約定一段期間，在這段期間內都不可動用存的錢，利率較高。

將錢存在銀行的好處是「安全」，台灣的銀行不容易倒閉，就算萬一倒閉了，300萬元以內的存款都受到政府的保障。但是，「安全」的缺點就是利率低。定期儲蓄存款的利息，會依據存款的金額、時間、固定還是機動，而有所不同喔，繼續來說明一下：

❶ **存款年限**：如果你存的時間越長，銀行可以拿去做長期的投資，就可以給你較高的利息。

❷ **大額存款**：在台灣銀行一次存500萬元（含）以上，利息反而會比較低，那是因爲銀行的錢太多了，所以不太歡迎大筆的資金。

❸ **固定利率**：你在存款的約定期間，銀行給你的利率都是固定的，可以確定自己能夠拿到多少利息。

❹ **機動利率**：銀行給你的利息，會隨著政府利率作調整，而不是固定的。例如在升息時可以得到較高的利率，但是降息時利率也會降低喔。

類別	期別	利率（年息 %）		
		金額	機動利率	固定利率
定期儲蓄存款	3 年	一般	1.66	1.66
		5 百萬元（含）以上	0.72	0.72
	2 年～未滿 3 年	一般	1.625	1.625
		5 百萬元（含）以上	0.715	0.715
	1 年～未滿 2 年	一般	1.59	1.6
		5 百萬元（含）以上	0.71	0.71

台灣銀行存款利率　2024/03/10

 ## 建立理財好觀念

　　你知道嗎？最近幾年，台灣股市一年可以發放2兆台幣的現金股利喔，股市就是會下金蛋的鵝。但是，你要先持有股票（鵝），才可以領到股利（金蛋）喔！如果你沒有股票，就沒有股利可以領；但是別人都在領股利，別人越來越有錢，你就會相對的變窮。

想要成為有錢人，第一個方法就是創業當老闆，但是萬一公司倒閉，你也會一無所有。第二個方法就是買進好公司的股票，靠老闆來幫你經營，你只要領股利就好。

郭台銘先生，年輕時努力創業，成立了鴻海科技這家公司，雖然他現在退休了，但是因為他持有17.42億股的鴻海股票，2023年每一股配發5.3元，郭台銘就領到了92.3億元（17.42億股×5.3元）。如果股利繳了28%的所得稅，也還剩下66.46億元，小朋友知道這是多少錢嗎？如果分配到：

❶ **每天**：一年有365天，每天可以花1,820.8萬元，可以買一台法拉利跑車。

❷ **每小時**：一天有24小時，每小時可以花75.87萬元，相當於普通人一年的薪水。

❸ **每分鐘**：一小時有60分，每分鐘可以花12,645元。如果雞排一片80元，每分鐘要吃158片雞排。

很少人有能力存到17.42億股的鴻海股票，但是就算只有萬分之一的17.42萬股，一年也可以領到92.3萬元，平均每個月是7.72萬元，也超過大多數人的薪水了。

 互動小遊戲

有一支股票的股價是 100 元，每年會發放 6 元的股利，如果想要每個月領到 100 元股利，請問：

① 應該要買進多少股？要花多少錢？

② 如果小銘每個月的零用錢是 500 元，但是他習慣花掉 100 元買零食，請你幫他做一下規劃，要如何盡快地存股票。

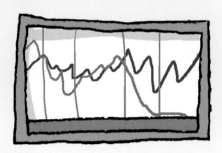

答案

❶ **每個月想要領到 100 元股利，一年就是 1,200 元**

因為一股發 6 元股利，所以需要買進 200 股（1,200÷6），總共需要 20,000 元（100×200）。

❷（1）零用錢 500 元，但是花掉 100 元，所以只剩下 400 元，要存 50 個月才可以存到 200 股（20,000÷400）。

（2）如果都不花錢，將 500 元全部拿去存股，只要 40 個月就可以存到 200 股，可以提早 10 個月完成喔。

(3) 當小銘存到 200 股之後，每個月可以拿到 100 元股利，再加上 500 元的零用錢，每個月的收入增加成 600 元了。如果通通拿去存股，只要 33.3 個月又可以存到 200 股，是不是比之前的 40 個月更快呢？

(4) 這個時候他有 400 股的股票，每年可以領到 2,400 元股利，等於每個月 200 元，加上 500 元零用錢，一個月的收入就是 700 元，是不是又增加了！他的錢不斷地在幫他賺錢喔！

(5) 小銘只要不斷地將零用錢跟股利，持續買進股票，他的股票就會越來越多，然後領到更多的股利，可以再買進更多的股票。他的錢就會像滾雪球一樣，也會越來越多，這就是「用錢賺錢」的威力了。

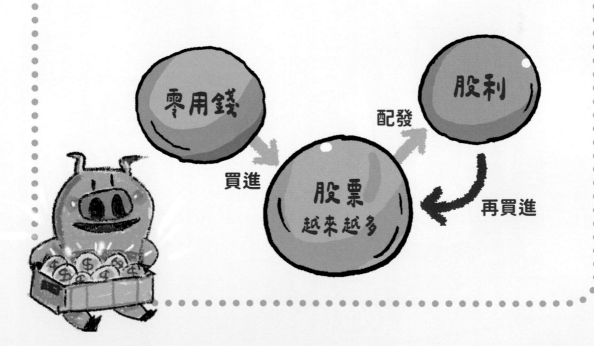

Part 4 接觸理財

第13課

小螞蟻上當了!

不要貪心 避免被詐騙

理財小故事

　　小螞蟻決定跟小羊一樣,把零用錢都拿來存股票。上個月牠很有節制地不吃零食,終於存了270元之後,就跑去找小羊請牠教學要怎樣買股票。

　　小螞蟻開心地問小羊:「有了7-11幫我賺錢,以後我是不是會變成超級有錢人,長大後就不用上班工作,每天

都可以躺在床上吃糖果？」

　　小羊白了小螞蟻一眼說：「如果錢這麼好賺，大家都不用上班了！就算你把270元拿去買進7-11的股票，大概也要21年後才會增加一倍成為540元喔！」

　　「21年這麼久啊！你是怎麼算的？」小螞蟻好奇地問，小羊拿出了一張計算紙，上面寫著「72法則：投資翻倍的

年數＝72÷投資報酬率（％）」小羊解釋說：「7-11雖然是好公司，但是每年領股利的報酬率大概是3.4％，所以需要72÷3.4＝21年，你投資的金額才會變成2倍！」

在回家的路上，小螞蟻一直想著21年會不會太久？到時候牠都已經長鬍子了，要是投資可以賺快一點的話，20歲時不就可以環遊世界了嗎？小螞蟻真的不想等太久，所以牠上網找看

看有沒有「快速獲利」的捷徑，然後就被推薦進入一個投資的社群。

小螞蟻加入社群後，裡面的投資老師每天都在吹噓說賺了多少錢，裡面還有很多的會員，除了說自己跟了投資老師賺了多少錢之外，也一直慫恿小螞蟻加入。

在眾人的遊說之下，加上小螞蟻也想要快速賺錢，就把過去辛苦存的1,000元匯給了投資老師，然後投資老師又要小螞蟻再匯更多的錢，可是小螞蟻已經沒有錢了。

幾個月後小螞蟻想要買直排輪，就在社群跟投資老師說要拿錢回來，沒想到牠馬上被踢出了群組，牠的1,000元再也拿不回來了。

 **故事檢討**

　　通常風險較低的商品，報酬率也會比較低。如果想要得到高報酬，風險就會比較高，就像小螞蟻想要多賺一點錢，結果碰到詐騙集團，全部的錢都被騙光光了。

　　我請問一下各位小朋友，如果你知道考卷的題目跟答案，你會跟別的小朋友講嗎？還是自己偷偷考100分？同樣的，如果詐騙集團投資這麼賺錢，那麼他為何不自己偷偷地賺錢，幹嘛要幫別人賺錢呢？

每一支股票，我都賺大錢。
趕快拿錢給我，我幫你們賺錢。

我不想
學習投資　　我懶

看起來
好厲害
喔！　　我愛錢

他們都是故意吹噓自己多麼會賺錢，目的是引起你的貪念，然後騙你的錢。他們也會一直騙你說幫你賺了多少錢，目的是要你匯更多的錢過去，可是等到你沒有錢了，或是你想要把錢拿回來時，他們就會馬上失聯，你的錢也就再見了。詐騙集團當然很可惡，但是會被詐騙的人也要反省：

❶ **貪心**，想要賺更多的錢，所以輕易的相信別人。

❷ **不懂**，因為自己不懂投資，也不想花時間學習，所以只能夠依靠別人。

❸ **絕對不要把錢匯給陌生人**，因為你的錢可能永遠也拿不回來了。

想要賺錢是沒有捷徑的，要靠努力學習投資，絕對不要貪心，更不要相信網路上的不實資訊。

建立理財好觀念

有一天老鼠小王肚子餓得咕咕叫，牠想像著美味可口的乳酪，要是能夠吃到飽該有多好呢？剛好前面走來了老鼠小華跟小

明，牠們每個人都提著一袋新鮮剛出爐的乳酪，小王心生一計，就跟小華和小明說：「你們的乳酪今天吃完就沒有了，可是我家裡有一個神奇的盒子，把乳酪放進去的話，就可以一直生出很多乳酪。如果你們把乳酪交給我，我每天給你們10分之1的乳酪當利息！」

小華和小明有點半信半疑，但是想要每天拿到10分之1的乳酪利息，還是將乳酪交給小王。隔天一大早，小華和小明趕快跑去找小王，沒想到小王真的拿10分之1的乳酪給牠們當利息，還說每天都可以來拿喔！小華跟小明覺得很開心，就跟同學小英、小花、小瑜講，牠們3人趕快買了乳酪拿去給小王。果然到了隔天，小王又拿了10分之1的乳酪利息送給牠們5人。

「只要把乳酪交給小王，每天都可以拿到10分之一的利息喔！」這句話在校園裡面流傳開來，大家都爭先恐後的購買乳酪，然後送到小王家。一個月之後，開始有人拿不到小王的利息，漸漸地越來越多人拿不到了，所以大家都擠到小王家，要牠說個明白。可是大家看到小王時都嚇了一跳，因為牠已經胖到走不動了。

小王扭扭捏捏地說，哪裡會有生乳酪的盒子，都是我騙你們

的。我就拿後面最新繳上來的乳酪，從裡面分10分之1給你們，然後剩下的都被我吃掉了。可是最近同學新繳上來的乳酪越來越少，所以我就沒有利息給你們了！大家很生氣要小王把乳酪還給牠們，可是小王卻拍拍肚皮說：「都被我吃掉了，沒有辦法還給你們。」

同學們都很生氣地去跟老師告狀，小王也哭著說沒錢賠給同學，老師就罰他每天幫同學做打掃工作，直到牠的肥肚皮瘦下來為止。接著老師就告誡同學說：「你們會被騙，最主要的原因

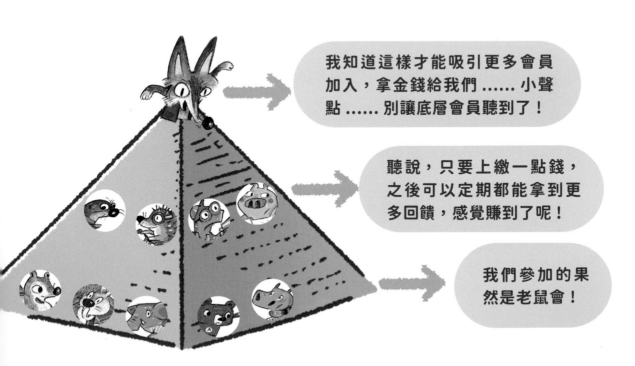

我知道這樣才能吸引更多會員加入，拿金錢給我們 ...... 小聲點 ...... 別讓底層會員聽到了！

聽說，只要上繳一點錢，之後可以定期都能拿到更多回饋，感覺賺到了呢！

我們參加的果然是老鼠會！

還是因為太貪心，相信乳酪會從天上掉下來，經過這次的教訓之後，不要再隨便上當了，因為乳酪不會從天上掉下來。」

「龐氏騙局」一詞源自1919年，由查爾斯・龐茲（Charies Ponzi）策劃的一樁投資詐騙案，他向投資人吹噓自己很會投資，只要把錢交給他管理，就能得到很高的利息，目的是吸收新的投資人加入，或是說服現有投資人投入更多資金。但是他實際上並沒有把錢拿去投資，只是從這些資金裡面拿出一部分來支付利息，剩下的就中飽私囊。可是一旦缺乏更多新的資金流入，或是錢被虧空光了，投資人就會血本無歸。

2023年在台灣也發生了金融騙局，主打年報酬率8%的澳豐基金，用高利息吸引投資人買進，其實也是拿新加入的資金來發利息。為了8%的高利息，投資人一窩蜂將資金送進澳豐基金。最後這家公司人去樓空，整體受害金額超過1,700億元。

互動小遊戲

下面有幾個問題，請小朋友判斷一下哪一個是詐騙？要說出為什麼，以及要如何避免被騙呢？

①

小螞蟻突然接到一通陌生電話，說他是以前幼稚園小班的同學，因為到外縣市遊玩，但是錢包被偷了沒辦法買票回家，想要讓小螞蟻先匯款 1,000 元給牠，等牠回家再還錢。

②

小螞蟻的手機接收到一則訊息，說可以參加「股票抽籤」，他們有門道可以保證中籤，還可以賺很多錢，請問小螞蟻要參加嗎？

③

小螞蟻在臉書接觸了「股市○哥分析師」廣告，只要加入了對方的群組及 App 後，就可以賺大錢，有這麼好康的嗎？

答案

A 詐騙

錢包被偷了請對方立刻報警，警察會幫忙通知家人，讓同學可以安全回家，千萬不要隨便匯款過去。

B 詐騙

當新股票上市或是辦理現金增資時，都會舉辦「股票抽籤」，也就是用較低的金額（例如 2 萬元），讓你抽獎 3 萬元的股票，中籤的人可以賺到 1 萬元的價差。

抽籤的過程都是公開透明，而且中籤率很低，有時候在 1 千人中只有 1 人中籤。詐騙集團利用大家貪小便宜的心理，先騙你說他們保證中籤，目的是要你先匯款給他們，但是你根本拿不到股票。

要參加股票抽籤，只能經由合法的券商，所以千萬不要相信網路上的不實宣傳。

C 詐騙

如果網路上的「股市○哥分析師」這麼會賺錢，那麼他自己賺就好，幹嘛還要幫你賺錢？都是利用你的貪心來騙錢，你只要匯錢給他們，就再也拿不回來了。

第14課

小螞蟻
要當金錢的主人

投資工具有哪些？

理財小故事

今天是校外教學，老師帶小螞蟻去參觀「投資博物館」，小螞蟻學到非常多有關股票的歷史，知道以前股票是用紙張印刷的，但是在民國100年逐漸改成電子化。

裡面展出世界第一張股票，以及台灣第一張、股數最多、資本額最大的

股票，小螞蟻驚訝地瞪大了眼睛。

接著導覽員也播放一些投資理財的影片，並講解投資理財的知識。影片裡有一句話：「不要讓金錢控制你，而是要做金錢的主人」，讓小螞蟻開始反省起來，以前牠都是拿到錢就想要花光光，等到真的需要買東西時，只好到處跟同學借錢，然後又要拚命去還錢，真的被金錢控制了。

小螞蟻下定決心要做金錢的主人，要學習如何讓錢幫牠賺錢。可是要怎

麼做呢？當小螞蟻傷腦筋的時候，影片中出現了一個「各類投資工具比較表」，接著影片解釋說：「越穩定、風險越低的商品，報酬率也會越低。

想要得到高一點的報酬率，就會伴隨著更高的風險，所以要好好地做研究，才能挑選出最適合自己的金融商品。」

小螞蟻趕緊拿出筆記本，仔細地記錄下影片的內容。牠打算回家後好好地做功課，了解各種金融商品的優缺點，然後再挑出一個最適合自己的。

投資工具	定存儲蓄險	基金	股票	債券
特點	固定配息 低報酬 低風險	節省時間 低門檻 經理人操作	高風險 高報酬 需要研究	固定配息 低波動 注意利率走勢

　　定存跟儲蓄險因為很穩定，也幾乎沒有風險，所以報酬率較低，因此只適合個性保守、年紀大或是有大筆資金的人。資金少的人還是要追求高一點的報酬，但是也會承擔較高的風險，因為股票上漲跟下跌的幅度也比較大。

　　由於股票的買賣很方便，所以適合一般人，但是全台灣有將近2千支股票，在投資之前還是要好好的做功課，絕對不要「道聽塗說」來買股票喔。「元大S&P原油正2」這支股票，從上市的20元到下市的0.75元，跌掉了96.25%。這個慘痛的教訓告訴我們，股票市場也是會吃人的。

　　不懂的股票不要碰，只能買進自己了解的股票，買進後也要持續關心，例如公司有沒有賺錢，獲利有沒有成長。如果發現了問題也要馬上處理，例如趕快賣掉來減少損失，絕對不能「鴕鳥心態」，不然虧損也會一直變大。

　　如果不想自己研究股票，也可以買進「基金」。基金就是「有錢出錢、有力出力」的概念，投資人因為沒時間做研究，或是看不懂那麼多的金融商品，所以就把錢交給基金公司，由專業的經

理人幫忙投資賺錢。

　　但是在利益的引誘之下，就有可能發生弊端，比如經理人先自己買進A公司的股票，接著再用基金的錢來買A股票，因為基金的錢比較多，不斷買進就會讓A股票的價格上漲，這時經理人再賣出自己的A股票，就可以賺錢了。

　　但也不是所有經理人都有問題，還有更多基金經理人憑藉著他們深入的研究、對市場的觀察，幫投資人賺到不錯的獲利，這也是很多不會挑選股票的投資人，選擇買基金的原因。提醒小朋友，做任何投資都要自己先做好功課，就算是買基金，也要研究基金過去的表現，挑選績效穩定且高人一等的基金喔！

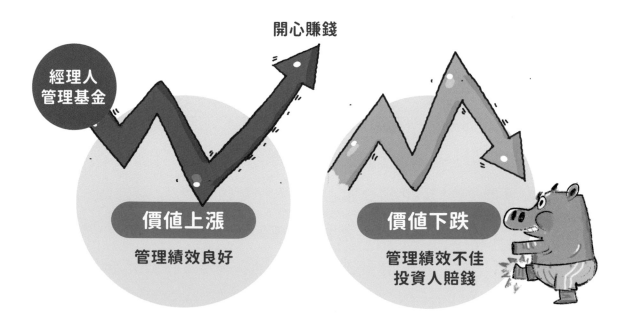

開心賺錢

經理人
管理基金

價值上漲
管理績效良好

價值下跌
管理績效不佳
投資人賠錢

建立理財好觀念

學習投資就是要控制錢，讓錢來幫你工作。事實上很多人卻是反過來被錢控制，而成為金錢的僕人。很多人每天去上班，是因為怕沒錢，就算領了薪水也很快花光，只好不斷的上班賺錢，結果被錢給控制了大半人生。

❶ **月光族**：每個月薪水扣掉所有開銷後，幾乎把錢花光光，完全無法儲蓄的族群。月光族所做的努力都是為了得到錢，然後亂花錢來滿足眼前的欲望，一生在：「賺錢 ➡ 花錢 ➡ 賺更多的錢 ➡ 花更多的錢」之間無限輪迴，日子會過得很辛苦。想要擺脫月光族，就要做好「開源」跟「節流」，有了儲蓄之後才能夠投資，有了投資才會有額外的收入。

❷ **守財奴**：把錢看得非常重要，花錢的時候斤斤計較，明明有足夠的錢，但花錢卻讓他感到痛苦，只是想要一直囤積金錢，來增加自己的安全感。可是就算有再多的錢，如果不曉得去善加運用，金庫裡的黃金跟石頭又有何差別呢？

如果不想被錢控制，就要學習控制錢。金錢是什麼呢？它是達成你「理想生活」的重要工具。陳老師本來要工作到65歲才能退

月光族

賺很多都不夠花，
過度消費，沒有任何
存款和投資。

守財奴

不願花費，寧願
犧牲生活品質，只為了
多存一點錢。

休，但是因為我年輕時認真學習投資，存了很多的好股票，每年領到很多的股利，幫我的食衣住行買單，所以我可以提早將工作開除。

大家都聽過「錢不是萬能，但沒有錢卻是萬萬不能」，雖然有人認為談錢很俗氣，但其實談錢很實際。很多人的一生都是為了獲得金錢，而無止境地工作，沒有時間來完成自己的夢想，實在是有點可惜。

從現在要開始學習管理錢，讓錢成為幫你賺錢的工人。金錢有一個魔法，就是讓你擁有「選擇的權利」，讓你可以過自己想要的生活，幫助你完成人生的目標。如果你不學習用錢賺錢，就會被金錢控制一輩子，只能辛苦工作而放棄夢想！

互動小遊戲

A. 如果你長大上班賺錢了，要怎樣避免自己成為月光族？

B. 97 歲的烏龜爺爺，年輕時存了很多的錢，牠現在適合哪一種投資商品，說明一下原因喔！（定存、儲蓄險、股票、債券）

 答案

A 月光族

　　月光族特點就是「入不敷出」，所以要先檢討自己的花錢習慣，要分清楚「想要」跟「需要」的不同，只能夠先滿足「需要」的部分，減少「想要」這種不必要的開銷。

　　存錢其實是一個習慣，重點是要有紀律地達成，當薪水下來的時候，優先把一部分存起來（例如 10%），而且絕對不能因為「想要」而動用儲蓄喔！只要堅持存錢一陣子，就會「習慣成自然」的存錢。

B 退休族

　　烏龜爺爺年紀已經很大了，也無法再跟年輕時一樣工作賺錢，所以投資的重點在於安全，因此可以選擇定存。但是定存的利率比較低，所以也要搭配一些利率較高的債券。

　　債券是發行機構（政府或公司）爲了獲得資金，而發行的一種有價證券，投資人購買債券後就等於借錢給他們，然後領取一定的利息。

　　銀行定存的好處是「保本」，存的錢不會變少。但是債券的價格也可能下跌（或上漲），所以債券的利息通常會高過銀行，來彌補下跌的不確定性。債券的特性是波動度低於股票，因此風險較低，但是報酬率也低了一點。

金融商品	定存	債券	股票
利息	最低	較低	較高
風險	最低	較低	較高

學習觀察企業

理財小故事

　　什麼是股票，投資股票有什麼好處？又有什麼風險？為什麼要發明股票呢？讓我們來講一個故事吧，世界第一張股票是由荷蘭東印度公司在西元1606年發行的。

　　當時是大航海時代，公司需要很多的錢，去建造船隻到海外探險，如果

運
ㄩㄣˋ
氣
ㄑㄧˋ
好
ㄏㄠˇ
發
ㄈㄚ
現
ㄒㄧㄢˋ
了
ㄌㄜ˙
新
ㄒㄧㄣ
大
ㄉㄚˋ
陸
ㄌㄨˋ
，就
ㄐㄧㄡˋ
可
ㄎㄜˇ
以
ㄧˇ
帶
ㄉㄞˋ
回
ㄏㄨㄟˊ
當
ㄉㄤ
地
ㄉㄧˋ
的
ㄉㄜ˙
金
ㄐㄧㄣ
銀
ㄧㄣˊ
財
ㄘㄞˊ
寶
ㄅㄠˇ
和
ㄏㄜˊ
香
ㄒㄧㄤ
料
ㄌㄧㄠˋ
，能
ㄋㄥˊ
夠
ㄍㄡˋ
賺
ㄓㄨㄢˋ
很
ㄏㄣˇ
多
ㄉㄨㄛ
錢
ㄑㄧㄢˊ
。但
ㄉㄢˋ
是
ㄕˋ
如
ㄖㄨˊ
果
ㄍㄨㄛˇ
不
ㄅㄨˋ
幸
ㄒㄧㄥˋ
沉
ㄔㄣˊ
船
ㄔㄨㄢˊ
，所
ㄙㄨㄛˇ
有
ㄧㄡˇ
投
ㄊㄡˊ
資
ㄗ
的
ㄉㄜ˙
錢
ㄑㄧㄢˊ
也
ㄧㄝˇ
都
ㄉㄡ
會
ㄏㄨㄟˋ
沉
ㄔㄣˊ
到
ㄉㄠˋ
海
ㄏㄞˇ
底
ㄉㄧˇ
了
ㄌㄜ˙
，公
ㄍㄨㄥ
司
ㄙ
也
ㄧㄝˇ
有
ㄧㄡˇ
可
ㄎㄜˇ
能
ㄋㄥˊ
倒
ㄉㄠˇ
閉
ㄅㄧˋ
。

商
ㄕㄤ
人
ㄖㄣˊ
想
ㄒㄧㄤˇ
要
ㄧㄠˋ
賺
ㄓㄨㄢˋ
錢
ㄑㄧㄢˊ
，但
ㄉㄢˋ
是
ㄕˋ
又
ㄧㄡˋ
不
ㄅㄨˋ
想
ㄒㄧㄤˇ
要
ㄧㄠˋ
血
ㄒㄧㄝˇ
本
ㄅㄣˇ
無
ㄨˊ
歸
ㄍㄨㄟ
，怎
ㄗㄣˇ
麼
ㄇㄜ˙
辦
ㄅㄢˋ
呢
ㄋㄜ˙
？答
ㄉㄚˊ
案
ㄢˋ
就
ㄐㄧㄡˋ
是
ㄕˋ
找
ㄓㄠˇ
大
ㄉㄚˋ
家
ㄐㄧㄚ
一
ㄧˋ
起
ㄑㄧˇ
來
ㄌㄞˊ
出
ㄔㄨ
錢
ㄑㄧㄢˊ
。荷
ㄏㄜˊ
蘭
ㄌㄢˊ
人
ㄖㄣˊ
發
ㄈㄚ
明
ㄇㄧㄥˊ
了
ㄌㄜ˙
股
ㄍㄨˇ
票
ㄆㄧㄠˋ
的
ㄉㄜ˙
方
ㄈㄤ
式
ㄕˋ
，讓
ㄖㄤˋ
想
ㄒㄧㄤˇ
要
ㄧㄠˋ
賺
ㄓㄨㄢˋ
錢
ㄑㄧㄢˊ
的
ㄉㄜ˙
平
ㄆㄧㄥˊ
民
ㄇㄧㄣˊ
百
ㄅㄞˇ
姓
ㄒㄧㄥˋ
，只
ㄓˇ
要
ㄧㄠˋ
出
ㄔㄨ

錢就可以成為公司的股東，並且拿到股票來證明出了多少錢。

如果商船平安歸來，賺到的錢就跟股東們分享，之前出越多錢買進越多股票的人，就可以分到更多的利潤。但是如果船沉沒了，也是由全部的股東一起分擔風險。

投資就是可能賺大錢，也有可能賠錢，所以在掏錢購買股票之前，要先仔細評估：

1.誠信：大家把錢交給公司，只有拿到一張紙（股票），如果老闆沒有誠信，說不定就捲款潛逃，投資人的股票就會成為無用的廢紙，只能貼在牆上當壁紙。

2.技術：如果公司造船技術不好，沉船了就賺不到錢。公司必須要有高人一等的技術，造出來的船比別家公司堅固，跑得也更快，才可以比別人早點發現新大陸，並且安全地帶回財富。

3.經驗：船長如果缺乏經驗，只是在海上亂繞圈子，浪費時間更賺不到錢。所以要挑選有經驗，而且過去帶回很多珠寶的船長。

故事檢討

　　公司發行股票，目的就是用股票跟投資人換錢，來經營公司的業務。當公司虧損連連，沒有錢發薪水或是購買設備時，爲了避免倒閉，就要持續跟股東要錢，這就是「現金增資」，股東拿錢跟公司買股票。

　　如果公司的體質良好，但是需要更多的錢，用來多蓋一個廠房、增購機器設備跟招聘員工，目的是將來可以賺進更多的錢，這樣的現金增資就可以參加。但是如果公司體質不佳，虧損連連，現金增資只是挖東牆來補西牆，這時候就不要參加了。記得我年輕時，我媽媽持有某一家未上市的股票，公司因爲虧損而辦

投資人　→　現金增資　→　公司（股票）

理現金增資，我帶了48萬元現金去銀行繳款，沒想到幾年後這家公司倒閉了，當初買進股票的錢，跟後來繳的48萬元，全都是肉包子打狗，有去無回。

後來我問媽媽，為什麼買這家公司的股票，她說是鄰居介紹的，我又問她這家公司是做什麼業務，賣什麼商品，我媽媽是一問三不知。這就是把股票當成賭博，然後期望幸運之神降臨在自己的身上。

買進股票就是投資一家公司的未來，要先了解公司的業務，過去的獲利穩不穩定，未來的獲利展望為何？有了充分的了解之後，你的股票才會安穩的幫你賺錢。拿股票中華電（2412）來做一個例子：

❶ **業務**：從事電信網路事業，現在科技發展跟日常生活，都脫離不了網路。中華電又是國內的龍頭公司，不怕找不到客戶。

❷ **獲利**：網路是民生必需的產業，很多人寧可餓肚子也要上網，每個月乖乖繳交電信費用，所以公司的獲利穩定。

❸ **成長**：科技的發展，讓寬頻服務等業務持續成長，例如用車用網路來聽音樂跟導航，大家用網路看劇跟玩遊戲等，所以中華電的獲利也跟著成長。

從下表可以看出，統計2019～2023年，中華電的每股盈餘（賺到的錢）持續成長，而且現金股利（給股東的錢）也跟著成長。由於電信網路是不可或缺，中華電又是產業龍頭，獲利跟股利都穩定地成長，這就是一個好的投資。

中華電（2412）

獲利年度	2019	2020	2021	2022	2023
每股盈餘（元）	4.23	4.31	4.61	4.7	4.76
現金股利（元）	4.226	4.306	4.608	4.702	4.758

建立理財好觀念

　　我在年輕時曾經花10萬5千元，買進一張博達的股票，最後變成了壁紙，成為我慘痛的經驗。博達是在1991年由葉素菲創立，宣稱開發出台灣第一片「砷化鎵微波元件外延片」。1999年博達的股票上市，2000年4月博達股價飆漲到368元，登上股王的寶座。葉素菲被稱為最有身價的科技女強人，白手起家的創業女英雄，最美的科技界CEO。

2002年博達宣稱成功開發出「雷射二極體磊晶片」，當時博達對外界表示：擁有獨步全球的砷化鎵生產技術，榮獲國家磐石獎的優良企業，訂單多到3年都做不完……我就這樣進去買股票。

結果一切都是假的，獨步全球的技術、3年都做不完的訂單……都是建立在假財報上面。牛皮總會有吹破的一天，2009年葉素菲因涉嫌掏空公司63億元，遭判刑16年8個月，最後關了11年出獄。

當時我要花2個月的薪水，才買得起1張博達的股票。博達案讓很多投資人受傷慘重，爲什麼葉素菲這麼沒有良心？因爲被金錢蒙蔽了啊。小朋友想想看，掏空63億元只要關11年，平均一年是5.73億元，關一天是157萬元，被關出來就可以爽爽花錢，划不划算啊？

股市裡面有很多錢，當然也有很多的不良企業家。我們小老百姓，買股票的錢都是辛苦上班賺來的，一定要小心顧好，不要被騙走喔。所以，在買進股票之前，一定要先觀察公司有沒有穩定獲利，老闆有沒有誠信，投資之前一定要好好地做功課，才能夠保障自己的辛苦錢。

互動小遊戲

　　味全是老牌的食品大廠，但是 2013 年底開始，接連 3 次捲入食安事件，不僅老闆官司纏身，民眾更發起「滅頂運動」抵制，導致從 2014 年第 3 季開始連續虧損 10 季。

　　投資人也苦不堪言，股價從 2013 年最高的 60.1 元，一路下跌到 2015 年的 15.85 元，真的是欲哭無淚。小朋友上網搜尋一下味全的相關資訊：例如董事長跟總經理是誰，屬於什麼產業，營業的項目有哪些？

答案

味全食品工業股份有限公司

創辦人	黃烈火
董事長	陳宏裕
總經理暨執行長	林建宏
總　部	臺北市中山區松江路 125 號（味全大樓）

產　　業	食品工業 - 食品飲料製造業
主要產品	林鳳營鮮乳、每日 C 果汁、味全高鮮味精、貝納頌咖啡、健康廚房系列產品、大醇豆豆漿……
總資產	新台幣 60 億元
母公司	頂新國際集團
主要子公司	中國青年商店股份有限公司
	康全工程股份有限公司
	欣全實業股份有限公司
	康合國際貿易股份有限公司
股票代號	1201
成立日期	1953 年
上市日期	1962 年

理財小故事

　　小蟻最近對股票產生濃厚的興趣，打算趁著年輕的時候，買進股票並靠著複利來累積資產，將來長大後就有一堆好公司幫牠賺錢。

　　可是要去哪裡找好公司呢？牠一邊走著一邊思考，不知不覺中走到堤防邊，看著海面發呆，心裡想著：「到底

要ㄠ買ㄇㄞ哪ㄋㄚˇ些ㄒㄧㄝ公ㄍㄨㄥ司ㄙ的ㄉㄜ股ㄍㄨˇ票ㄆㄧㄠˋ呢ㄋㄜ？」

「嘿ㄏㄟ，小ㄒㄧㄠˇ朋ㄆㄥˊ友ㄧㄡˇ，魚ㄩˊ不ㄅㄨˊ會ㄏㄨㄟˋ自ㄗˋ己ㄐㄧˇ跳ㄊㄧㄠˋ上ㄕㄤˋ來ㄌㄞˊ喔ㄛ，你ㄋㄧˇ得ㄉㄟˇ自ㄗˋ己ㄐㄧˇ動ㄉㄨㄥˋ手ㄕㄡˇ才ㄘㄞˊ能ㄋㄥˊ釣ㄉㄧㄠˋ到ㄉㄠˋ魚ㄩˊ。」小ㄒㄧㄠˇ螞ㄇㄚˇ蟻ㄧˇ轉ㄓㄨㄢˇ過ㄍㄨㄛˋ頭ㄊㄡˊ來ㄌㄞˊ，原ㄩㄢˊ來ㄌㄞˊ是ㄕˋ一ㄧ個ㄍㄜ滿ㄇㄢˇ頭ㄊㄡˊ白ㄅㄞˊ髮ㄈㄚˇ、正ㄓㄥˋ在ㄗㄞˋ釣ㄉㄧㄠˋ魚ㄩˊ的ㄉㄜ老ㄌㄠˇ公ㄍㄨㄥ公ㄍㄨㄥ在ㄗㄞˋ跟ㄍㄣ牠ㄊㄚ說ㄕㄨㄛ話ㄏㄨㄚˋ。老ㄌㄠˇ人ㄖㄣˊ說ㄕㄨㄛ：「孩ㄏㄞˊ子ㄗ，光ㄍㄨㄤ是ㄕˋ煩ㄈㄢˊ惱ㄋㄠˇ無ㄨˊ法ㄈㄚˇ解ㄐㄧㄝˇ決ㄐㄩㄝˊ問ㄨㄣˋ題ㄊㄧˊ，你ㄋㄧˇ必ㄅㄧˋ須ㄒㄩ要ㄠˋ動ㄉㄨㄥˋ手ㄕㄡˇ解ㄐㄧㄝˇ決ㄐㄩㄝˊ喔ㄛ！」

　　小蟲蟻跟老公公說牠想要學習投資，但是不知道要怎樣挑股票。老人說：「很好，你跟我來吧，我載你去大賣場。」小蟲蟻疑惑地問：「不是要去股票交易所，或是證券行嗎？」

　　老人笑著回答說：「購物大街才是

各大企業真正的戰場，華爾街只是發表評論的地方。」到了大賣場之後，老人聽到小螞蟻肚子餓得咕咕叫，就帶牠到肯德基坐了下來，小螞蟻開心點了一份炸雞套餐，便津津有味地吃了起來。

老人說：「一家公司的重點就是賣出商品，這樣才可以賺到錢。那麼在眾多的商店中，消費者為什麼會購買這一家的商品？這才是真正的戰場。」

小螞蟻一邊吃炸雞，一邊若有所思地點點頭，心裡想著：「對啊，當我想要吃炸雞時，我就會想到肯德基，配上可樂爽快地啃雞腿，然後再來一個蛋塔當甜點，真的是無敵啊！難怪肯德基的生意會這麼好。」

老人趁著小螞蟻吃炸雞時，在旁邊寫下這些問題：

A、肯德基提供哪些商品？

B、有沒有其他商店提供相同的產品跟服務？

C、消費者會選擇其他的商店嗎？

D、為何會選擇這家商店？而不是選擇其他家？

E、肯德基的競爭優勢，能夠長期持續嗎？

小螞蟻終於吃飽了，馬上拿出筆回答了起來：

A、肯德基提供：漢堡、炸雞、雞塊、可樂、薯條、蛋塔⋯⋯

B、麥當勞跟頂呱呱，都有漢堡、炸雞跟薯條，還有汽水跟可樂。

C、有可能，因為有很多店都在賣炸雞跟漢堡，漢堡王也有。

D、肯德基的炸雞「讓人吮指回味」，還有蛋塔。

E、肯德基有秘密配方，讓他們的炸雞很好吃。

老人看了小螞蟻的答案後，開心地笑著說：「不錯、不錯，你有投資股票跟研究公司的潛力，有空記得來陪我釣魚。」小螞蟻開心地點點頭，就跟老公公告別回家了。

故事檢討

　　很多人在投資時，往往將買股票當成賭博，想要在便宜時買進，然後在貴的時候賣出，目的是賺取價差。可是問他這家公司是賣什麼商品時，卻往往是一問三不知，只顧著到處去打聽明牌，想要運氣好找到一家上漲的股票。

　　可是你要了解股票代表一家公司，好公司就是「貨賣得出去，錢賺得進來。」如果大家都很喜歡這家公司的商品，持續不斷地消費，這就會是一支會生錢的好股票。

　　一知半解，隨便買股票是會賠錢的，2020年因為肺炎疫情蔓延，導致疫苗大缺貨，疫苗廠商就賺了很多錢。因為政府採購500萬劑疫苗，2021年5月高端疫苗（6547）股價最高來到417塊錢。可是大家想一想，疫情總會結束的，疫苗的銷售就會下降，甚至是不需要了。2024年3月，高端的股價只剩下50幾塊錢，只有高點時的8分之1。

　　當時大家買高端的股票，都只是一窩蜂搶熱度，完全沒想到往後的發展。其實選股票要在商店街，看看大家每天吃什麼、用什麼？好公司就藏在這裡面。

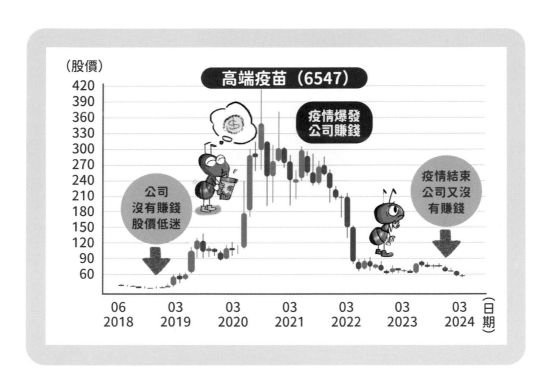

建立理財好觀念

　　小螞蟻雖然年紀小，而且又沒有很多錢，不過牠最大的優勢是「時間」，可以發揮出複利的效果。就算小螞蟻一開始只有1,000元，如果可以達到股神巴菲特般平均每年20%的報酬率，第2年牠的1,000元就會變成1,000＋1,000×20%＝1,200元，然後第3年會變成1,440元，這就是複利的威力。

1,000元很少嗎？來看看下面這個表格，第10年時只有5,160元，但是第30年時已經有19萬7,814元，到了第50年時已經是758.37萬元了喔！是原先1,000元的7,583.7倍，可以看出複利的威力非常驚人。

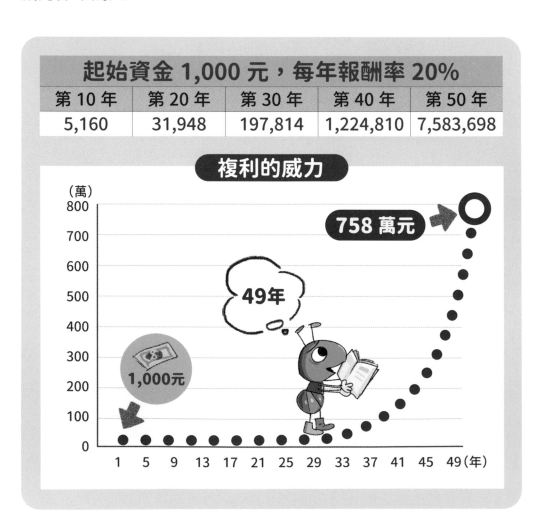

起始資金 1,000 元，每年報酬率 20%				
第 10 年	第 20 年	第 30 年	第 40 年	第 50 年
5,160	31,948	197,814	1,224,810	7,583,698

複利的威力

758 萬元

49年

1,000元

　　投資就是靠複利的威力，重點還是挑出一家好公司，如果是道聽塗說買到賠錢的公司，不僅沒有複利的效果，還有可能把錢賠光光。股神巴菲特用下面方法挑選好股票：

　　❶ **這家公司是否簡單易懂**：避開你不懂的公司跟產業，在自己的能力圈內投資。

　　❷ **這家公司是否有穩定的營運歷史**：獲利穩定的公司，勝過時好時壞的公司。

　　❸ **這家公司的長期前途是否看好**：市場需求穩定增加，且沒有相近的替代品。

　　拿股神巴菲特長期投資的可口可樂來說，公司的業務簡單易懂，就是賣可樂，也不需要投資入大筆的資金，來研發跟創新口味，客戶就喜歡它的老味道。可口可樂是飲料界的龍頭，過去的獲利非常穩定，而且隨著經濟的發展，越來越多人買得起可樂，銷售穩定成長。再加上商標與獨特的口味，也找不到相近的替代品。

互動小遊戲

請小朋友從日常消費中觀察,挑出一家公司符合巴菲特的選股方法:

1 這家公司是否簡單易懂

2 這家公司是否有穩定的營運歷史

3 這家公司的長期前途是否看好

答案

台灣高鐵(2633)

1 業務簡單,就是高鐵運輸

2 民生必需,除了 2020 跟 2021 年受到疫情影響,營收都很穩定

3 獨占企業,隨著大家旅遊、出差的增加,前途依然看好

小朋友可以試著挑出一家公司來評估喔!

打造小小巴菲特 2 養成金錢好習慣：
陳重銘的親子理財 16 堂啟蒙課

作　　者：陳重銘
繪　　者：蔡嘉驊

總 編 輯：張國蓮
副總編輯：李文瑜
資深編輯：謝一榮
責任編輯：周大爲
美術設計：楊雅竹

董 事 長：李岳能
發　　行：金尉股份有限公司
地　　址：新北市板橋區文化路一段 268 號 20 樓之 2
傳　　眞：02-2258-5366
讀者信箱：moneyservice@cmoney.com.tw
網　　址：money.cmoney.tw
客　　服 Line@：@m22585366

製版印刷：緯峰印刷股份有限公司
總 經 銷：聯合發行股份有限公司

初版 1 刷：2024 年 8 月

定價：480 元

國家圖書館出版品預行編目（CIP）資料

打造小小巴菲特 . 2, 養成金錢好習慣：陳重銘的親
子理財 16 堂啟蒙課 / 陳重銘作 ; 蔡嘉驊繪 . -- 初版 .
-- 新北市 : 金尉股份有限公司 , 2024.08

　面；　公分 . -- (創富 ; 70)

ISBN 978-626-98574-8-7(精裝)
1.CST: 親職教育 2.CST: 子女教育 3.CST: 理財

528.2   113010094

Money錢